盧卡契對中國文學的影響

黎 活 仁 著

文 史 哲 學 集 成
文史哲出版社印行

國家圖書館出版品預行編目資料

盧卡契對中國文學的影響 / 黎活仁著. -- 初版
. -- 臺北市；文史哲，民85
　　面；　公分. --（文史哲學集成；372）
參考書目：面
含索引
ISBN 957-549-037-1 （平裝）

1. 中國文學 - 論文,講詞等

820.7　　　　　　　　　　　　　　85010391

文史哲學集成 ⑳

盧卡契對中國文學的影響

著　　者：黎　　　　活　　　　仁
出 版 者：文 史 哲 出 版 社
登記證字號：行政院新聞局局版臺業字五三三七號
發 行 人：彭　　　　正　　　　雄
發 行 所：文 史 哲 出 版 社
印 刷 者：文 史 哲 出 版 社
　　　　臺北市羅斯福路一段七十二巷四號
　　　　郵撥〇五一二八八一二　彭正雄帳戶
　　　　電話：（〇二）三五一一〇二八

實價新台幣 二二〇元

中 華 民 國 八 十 五 年 九 月 初 版

獻　給
清水茂　教授
鄧仕樑　教授
興膳宏　教授

鳴　謝

日本學術振興會

自　序

　　一九八一年，北京中國社會科學院出版了《拉普研究資料》一書，這本以翻譯原始文獻爲主的專集，對中國現代文學史研究產生了極其深遠的影響，學者因此得以分辨什麼是馬克思主義，什麼是「無產階級文化」，明白到二十年代以來的「無產階級文學」的口號，是源自建設「無產階級文化」的概念。建設「無產階級文化」的目的，就是要否定「資本主義文化」，十年文革是「無產階級文化」理論付諸實踐的結果。文革之後，政治經濟方面走上「重新認識資本主義」的方向，對二十年代以來的左翼文學研究，也漸漸有了跟過去不同的評價。

　　「無產階級文化」之父是波格丹諾夫，列寧生前不同意他的理論，可是，在列寧死後，「無產階級文化派」作家在第二次「文藝政策論辯」(一九二五)得到斯大林的支持；斯大林是希望以此打擊托洛斯基。托洛斯基以反「無產階級文化」知名，他的言論見於《文學與革命》。托洛斯基在政治鬥爭中失敗，反「無產階級文化」於是被定性爲「托派」的特徵。

　　「無產階級文化」的理論在日本福本主義的整合之下，進一步得以提升至較高的哲學層次。曾任日共領袖的福本和夫，在一九二四至一九二八年間，結合波格丹諾夫「無產階級文化」、列寧《怎麼辦》的政黨組織理論和盧卡契的物化論，形成「福本主義」。第三期創造社的革命文學理論，全面引進了福本主義。福本主義提倡學習列寧的「分離結合」方法，認爲應先把各種不同

流派的左翼思想嚴加區分，然後才考慮整合。這種排他性的政黨組織方法很快就傳進中國，形成革命文學論戰的高潮（一九二八至一九三零）。魯迅在與第三期創造社論戰之後，放棄托洛斯基的反「無產階級文化」立場，加入左聯，成為「無產階級文化派」作家的領袖，可見他也受了福本主義的影響。福本主義對中國的影響過去從來沒有人討論，中國大陸學者動輒加以批判，實則毛澤東的「無產階級文化」思想之中，也有福本主義的成份。

盧卡契的文化哲學思想經過福本主義的整合，對胡風和毛澤東的文藝思想，都產生了影響，首先，胡和毛都同是建設「無產階級文化」的思想家，兩人各取所需加以吸收之後，各自整合發揮，形成日後的矛盾。

在一九二八年至一九三零年的革命文學論戰之中，郁達夫因為提倡「農民文學」而受福本主義的批判。「無產階級文化派」作家大抵從民粹主義運動吸取了教訓，判定農民有資產階級傾向，不接受他們加入組織的申請。眾所周知，毛澤東是以農民為革命主體的，這一點也成為胡風和毛澤東於「無產階級文化」理解上的矛盾之一。「小詩」同樣在第三期創造社理論之中，被判定是屬於「資產階級文化」而遭到否定。中國的福本主義者否定五四文學時特別提及「小詩」，可見這種文類在當時還為人所認識，但此後就因為抗戰和文藝政策的出臺等等因素，湮沒不聞，直至八十年代，才又恢復應有的歷史地位。

這本書的幾篇論文，就是以盧卡契文化哲學和福本主義為線索輯錄成書的。很感謝「日本學術振興會」在一九八三年給與的慷慨援助，使我得以重訪京都大學，蒐集有關福本主義的文獻。京都大學的老師尾崎雄二郎教授、清水茂教授、興膳宏教授、筧文生教授、小南一郎教授、勝村哲也教授、狹間直樹教授、森時

彥教授、高田時雄教授、金文京教授、和當時正在京都訪問的白潤德(Daniel Bryant)教授（維多利亞大學），都在研究上給我提供了方便。資料蒐集過程之中，曾經得到東京大學的田仲一成教授、橫濱市立大學的鈴木正夫教授、同志社大學的阪口直樹教授、大阪經濟大學的樽本照雄教授、攝南大學的高橋繁樹教授、香港中文大學的黃耀堃教授，以及目前已學有所成的白雲開博士（香港城市大學）、梁敏兒博士（香港教育學院）的幫助，又承洪濤先生（香港城市大學）百忙之中校閱全稿，陳信元先生和吳興文先生在付梓前提供了寶貴意見，謹在此向以上各位致以十二萬分的謝意！

盧卡契對中國文學的影響

目　　錄

盧卡契對中國文學思想的影響

一、引 言
──盧卡契對中國的影響

　　盧卡契(György Lukács, 1885-1971)一生可以依他的認識論分前兩期，前期從實踐觀點論證意識等同存在，其後(1934.6)他作了自我否定，肯定列寧(Vladimir I. Lenin, 1870-1924)的反映論，贊同成熟馬克思「社會存在決定社會意識」的理論。這兩種認識論，對中國都有過相當大的影響。盧卡契對中國的影響，可分 4 個階段：⑴首先是第 1 階段。在20年代末期，盧卡契的物化論透過福本主義傳入中國，掀起革命文學論戰的高潮，盧卡契的辯證法結合波格丹諾夫(Aleksandr A. Bagdanov, 1873-1928)的無產階級文化理論，形成中國的無產階級文藝理論，由於1942年制訂的毛澤東(1893-1976)文藝政策是以中國式的無產階級文化爲核心的，所以盧卡契的理論，對中共的文藝政策也有影響；⑵第 2 階段是在40至50年代。盧卡契的「偉大現實主義」在蘇聯與日丹諾夫(Andreǐ A. Zhdanov, 1896-1948)的文藝政策結合，形成「現實主義和反現實主義」公式，中國的一些文藝理論家如蔡儀(蔡南冠，1906-92)和茅盾(沈德鴻，1896-1981)都接受了這一公式，與持反對論點者展開論戰；⑶第 3 階段是在50年代。盧卡契在匈牙利事件(1956.10.23-11.4)前後參與反斯大林主義，當時中國追隨蘇聯立場，否定盧卡契其人及其思想，又，胡風的

文藝觀點頗受盧卡契的啓示，在胡風事件(1955.1.2-8)之中，盧卡契也連帶遭到批評；(4)第 4 時期是在文革(1966-76)之後。鑑於文革的悲劇，中共對人道主義不再如以往的否定，也開始從青年馬克思的異化論對人道主義作了某種程度的肯定，異化論的研究結果是連帶盧卡契的物化論也成爲熱門的課題，中國的知識分子是以異化論打通以人爲主體的社會學研究，如美學、心理學、社會學等，在這個時期，盧卡契以及西方馬克思主義的主要著作源源不絕地譯介到中國大陸，台灣的學術界也在這一熱潮中同步前進。盧卡契這 4 個階段，都與中國的歷史性時刻結合在一起，值得研究。

二、《歷史和階級意識》對中國的影響

盧卡契是匈牙利著名哲學家、美學家和文學家批評家。盧卡契生於布達佩斯，父親是個銀行經理。盧卡契於20歲那年(1906)取得博士學位，23歲時(1908)即以《現代戲劇發展史》(1911)獲獎，同年開始接觸馬克思主義，並於1918年加入剛成立的匈牙利共產黨。1919年 2 月，匈共主要幹部被捕，盧卡契於是出任中央委員(1919-1921, 1928-1930)，同年(1919) 9 月逃亡維也納。1921年以匈共代表身份出席第三國際(1919.3-1943.6)第 3 次大會(6.22-7.12)。 1922年冬，《歷史和階級意識》脫稿， 1923年正式出版，這是盧卡契在世界思潮發生重要影響的第 1 階段(1923-34)，盧卡契主要是因爲這本書，與德國的柯爾思(Karl Korsch, 1886 -1961)、意大利的葛蘭西 (Antonio Gramsci, 1891-1937)成爲西方馬克思主義的奠基人。《歷史和階級意識》的理論有 3 個基本概念：(1)異化；(2)總體性；(3)階級意識；這些概念由於目前有高宣揚(1940-)、徐崇溫(1930-)和歐陽謙等

頗獲好評的著作可參考❶，這裏就不再重複了。馬克思(Karl Marx, 1818-83)有關異化的著作，是在30年代才公開的，而盧卡契的《歷史和階級意識》卻是在20年代初出版的，20年代的蘇聯領袖和哲學家都不知馬克思有異化的理論，所以對盧卡契作了嚴厲的批判。

1. 《歷史和階級意識》對福本主義的影響

　　二〇年代的中國知識分子是從福本主義接觸到盧卡契的方法的❷。福本主義的在日本馬克思主義哲學史有兩種重要的意義：㈠是福本主義能夠準確把握馬克思主義與辯證唯物主義的關係，並應用於指導日本革命運動，㈡是很早就引進物化論。福本和夫(FUKUMOTO Kazuo,1894-1983)本是東京大學政治系畢業生(1920)，其後留學美、英、德、法，兩年半後(1924年秋)回國。福本在唸大學時已開始研究唯物主義，到德國後曾經前往拜訪柯爾思，之後常常得柯爾思的指導，並認識了盧卡契；盧卡契曾以《歷史的階級意識》(1923年1-5月間刊行)相贈❸。1924年12月，福本開始向《馬克思主義》(1924.5-1929.4)投稿，全力抨擊當時流行的山川均(YAMAGAWA Hitashi,1880-1958)主義。福本和夫的論文博引馬列原著，使當時日共的理論家自歎學力不足，於是邀請他到東京當《馬克思主義》的副編輯(1926.4起)，1926年12月黨重建之時，福本和夫負責起草宣言，並出任中央委員和政治部長。如此，福本和夫在兩年零一個月內從一個籍籍無名的投稿者，一躍而為日共領導者❹。福本主義的特徵包括：(1)物化論；(2)階級意識；(3)資本主義急劇沒落論；(4)黨組織論(即分離結合論)；(5)混合型等等；前兩點是受盧卡契的影響，第三點是受第二國際和第三國際的流行觀點影響❺；後兩點則師承自列寧的建黨思想的名著《怎麼辦》(1902)。

2.創造社福本主義者的創作

　　福本主義對中國的影響是異常深遠的。在20年代受到福本主義影響的是第三期創造社的核心成員，代表人物包括成仿吾（成灝，1897-1984）、李初梨（李楚離，1900-94）、彭康（彭堅，1901-68）、馮乃超（1901-83)等，他們把福本主義與當時流行的無產階級文化結合起來，形成1928年以後的中國革命文學理論，他們批判了魯迅(周豫才，1881-1936)、郁達夫(郁文，1896-1945)等左翼作家，並形成革命文學論戰(1926-30)的高潮(1928)。

㈠波格丹諾夫及其無產階級文化

　　首先要交代的是無產階級文化的概念。中國共產黨習慣上把無產階級文藝等同馬克思主義文藝，實際上，所謂無產階級文藝其實是源自無產階級文化的理論。無產階級文化是俄國波格丹諾夫所提倡的，他因此被稱爲無產階級文化之父，日本編有《世界無產階級文學資料》(1-6卷，1972-1974)❻，文革後的中國也出版了《蘇聯「無產階級文化派」論爭資料》（1980.11)❼、《無產階級文化派資料選編》(1983.3)❽等資料集，這些著作都顯示主宰20年代世界革命運動的馬克思主義理論，不是列寧主義而是被列寧批判了的波格丹諾夫主義。無產階級文化是相對於資本主義而成立的，列寧、托洛斯基(Lev D. Trotskiǐ, 1879-1940)和普列漢諾夫(Georgiǐ B. Plekhanov,1856-1918)都不同意這種理論。作爲無產階級文化特色之一的是馬赫主義的認識論。波格丹諾夫從馬赫(Ernst Mach,1838-1916)學到了科學的認識論，修正了馬克思的社會存在決定社會意識的理論。馬赫是奧地利物理學家、心理學家和哲學家，他「認爲唯心主義和唯物主義都把精神和物質對立起來，而形成心物二元論；提出要克服這種對立，建立統一的『一元論』的宇宙結構」。馬赫認爲，世界是由一種中

性的「要素」構成的，無論物質的東西還是精神的東西都是這種
要素的複合體。所謂要素就是顏色、聲音、壓力、空間、時間，
即我們通常稱爲感覺的東西；物質、運動、規律都不是客觀存在
的，而是人們生活中的假設，因果律是人們心理的產物，應該用
函數關係取代。世界因此表現爲要素之間的函數關係，科學對此
只能描述而不能解釋，描述則應遵循「經濟思維原則」，即用最
少量的思維對經驗事實作最完善的陳述❾。波格丹諾夫因此提出
「經驗一元論」，把馬赫的經驗改爲集體的經驗，物理世界是社
會集體地組織起來的經驗，在文藝理論上，他認爲藝術不是反映
現實，而是組織生活。

　　(二)列寧的認識論
　　　──關於反映論與建黨思想

　　列寧在1908年寫了《唯物主義和經驗批判主義》，對波格丹
諾夫進行批判。列寧認爲馬克思是強調「社會存在決定社會意識」
的，把主體與客體等同起來，是反馬克思主義的。列寧比較明顯
的傾向是支持反映論，反映論之不正確現已普遍爲人所了解，
《歷史和階級意識》對馬克思主義的貢獻之一，是很早就指出反
映論的錯誤，並認爲馬克思本人是強調以實踐認識事物的❿。不
過，列寧的方法論也有其能動的一面，在列寧的名著《怎麼辦》
之中，其實也有類似「思維與存在同一」的方法；在這本書之中，
列寧討論到建黨的問題，他認爲應該建立一個由職業革命家領導
的黨，去領導革命，一般的工會組織與這個核心黨組織不能混同，
以免把黨的機密暴露，造成嚴重的破壞。列寧又認爲社會意識是
由有相當教養的知識分子根據社會學、經濟學、哲學等高深的知
識造出來的，像馬克思、恩格斯(Friedrich Engels, 1820-
1985)，論其階級成分，都屬於資產階級。工人運動是不會自動地

產生社會意識的，社會意識應該如考茨基(Karl Kautsky, 1854-1938)所說的那樣，要從外邊灌輸到無產階級的鬥爭中去❶。盧卡契、福本和夫和創造社的福本主義分子，都引用列寧這種理論，並且把《怎麼辦》所說的社會意識，易之以「無產階級意識」❷。

　㈢盧卡契的辯證法與馬赫主義認識論的結合
　　——無產階級意識與無產階級文化

　盧卡契的認識論源自黑格爾，儘管他的方法論與波格丹諾夫不同，但有些觀點非常接近，例如：⑴兩者都強調主體的能動性，認識論都是「思維與存在同一」；⑵強調辯證法；⑶否定資本主義；也許因為這樣的緣故，盧卡契沒有反對無產階級文化。1932年4月，斯大林解散無產階級作家組織拉普(俄羅斯無產階級 作家聯盟，簡稱RAPP，1925-1932)，又以「社會主義現實主義」去代替「無產階級現實主義」之時，盧卡契剛在蘇聯，他並沒有發表支持斯大林的言論，事實上，在40年代的表現主義論戰之中，盧卡契提出「偉大的現實主義」，全面否定其他文學流派，這一點與20年代無產階級作家所提倡的「無產階級現實主義」沒有多大分別。結合盧卡契和波格丹諾夫的理論之後，中國福本主義者的無產階級文學的特徵有以下幾點：⑴否定古代文化以至五四文學；⑵否定農民，以工人為無產階級；⑶否定浪漫主義；⑷否定知識分子；⑸獨尊現實主義；⑹主張革命意識的自然成長說；⑺以《歷史和階級意識》所說的無產階級意識為階級意識；⑻提倡大眾文學。其中以大眾文學的方法最值得留意。

　㈣大眾文學的方法
　　——由以知識分子為革命主體到否定知識分子

　黑格爾以絕對精神是主體，外化為客體，盧卡契以無產階級意識取代絕對精神的主體位置；認為資本主義是物化了的世界，

人類社會的歷史是物化了的歷史，只有發揮無產階級的階級意識作用，才能揚棄物化，才能使無產階級意識在物化中覺醒過來，人類也就獲得解救⓭。獲取無產階級意識本是作爲革命主體的知識分子的責任，知識分子也在這過程之中作自我否定，以克服異化。結果創造社的盧卡契式的無產階級文學必然導致對知識分子的否定，情形一如納普稍後的決議和毛澤東的文藝政策。1930年7月，納普(日本無產階級作家同盟，簡稱NALP，1929.2-1934.2)通過大眾化決議，認爲除工農外，小市民和知識份子，都是應該爭取的對象，把無產階級意識推廣及於他們⓮。1931年8月，藏原惟人(KUWAHARA Korehito, 1902-91)發表的〈藝術運動組織問題再論〉重申這一觀點，認爲要把知識分子置於共黨的組織以及政治影響之下⓯。1942年，毛澤東的〈在延安的文藝座談會上的講話〉也談到文藝的服務對象，他認爲除工農兵外，還應加添小資產階級的知識分子，這一點無疑與納普的決議相近，但毛澤東不是讓知識分子享有自己較高級的文藝，而是利用大眾化「引導小資產階級出身的知識分子接近工農兵，去參加工農兵的實際鬥爭，去表現工農兵，去教育工農兵。」⓰革命文學發展到創造社第3時期，是把革命文學＝(等同)無產階級文學＝大眾文學，這種革命文學理論以成仿吾〈從文學革命到革命文學〉(1928.1)⓱一文的推論最爲具體，成仿吾所謂大眾化似乎使用大眾語作爲媒體，把無產階級意識注入工農階級運動。

㈤小結

無產階級文化一開始就有否定知識分子的傾向，波格丹諾夫的左右手加里寧(Y. A. Kalinin, 1880-1919)曾經認爲知識分子是「資產階級藝術的志願代表和熟練嚮導」因而要加以監督，使其服從於無產階級的意願⓲，盧卡契的異化論不啻是把這種傾向

深化、理論化或合理化。這種否定知識分子的傾向，在毛澤東思想也有所承傳，只是方法有所不同。毛澤東的革命是以農民為主體的，文革期間還在農村成立為知識分子改造而設的學校，叫做五七幹校(1968.5.7-1976.10)，讓知識分子重新接受貧下中農再教育，毛澤東的無產階級意識似乎是指農民意識，跟福本主義者排斥農民的態度是不一樣的。

三、「偉大現實主義」的影響
——現實主義與反現實主義公式的形成

1930年，盧卡契被奧地利驅逐出境，到了莫斯科，任馬列研究所研究員，並參加俄文版的《馬克思恩格斯全集》的編纂工作，因此有機會看到未發表的《1844年經濟學哲學手稿》（1932年初次公刊）。1931年夏，盧卡契移居柏林，一直停留到1931年1月被納粹政府(1933.1-1945.4)驅逐出境為止。1931-34年，盧卡契又再度回到莫斯科，並在莫斯科共產主義研究所工作。從1933年開始，盧卡契第2次發揮了他對全世界的學術的影響力，特別是有關「偉大現實主義」的理論。盧卡契先後發表了〈表現主義的「偉大與衰亡」〉(1933.2)、〈現實主義辨〉(1938.2)，這兩篇文章導致表現主義的論爭。在這次論爭中，盧卡契全面否定現代主義，對以社會主義現實主義為文藝政策的蘇聯和中國，都產生了極大的影響。

1.現實主義與反現實主義公式在蘇聯的形成

1939年11月至1940年3月，蘇聯文藝界圍繞盧卡契的現實主義理論掀起了一場激烈的論爭[19]。盧卡契的偉大現實主義理論，加上日丹諾夫的「哲學史是唯物主義與唯心主義鬥爭的歷史」的觀點(1947.6.24)，導致「現實主義與反現實主義」公式的形成[20]。

在蘇聯，這一公式的代表人是涅陀希文(German A. Nedoshivin, 1910-　)。涅陀希文在《藝術概論》(1953，中譯：1958)㉑一書曾把這公式當作文學史規律，解釋成是進步文學和反動文學的鬥爭。1956年版的《馬克思主義美學簡史》一書基本上重申了盧卡契的「偉大現實主義」的思想。論爭此時有了轉變，老作家法捷耶夫(Aleksandr A. Fadeev, 1901-56)在第2次蘇聯作家代表大會(1954.12)發言，就他過去發表〈打倒席勒！〉(1929.11，這是拉普否定浪漫主義的宣言)的愚蠢經歷提出警告；蘇聯報刊此時開始出現反對這一公式的文章，其中以雅·艾爾斯布克(Y. E. El'sberg)的〈現實主義和所謂反現實主義〉(1956.5發表；中譯：1956.7)一文最為有名㉒。1957年4月，蘇聯高爾基世界文學研究所組織了現實主義的專門討論會，批判了涅陀希文的主張。1958年12月，中國科學院文學研究所蘇聯文學組把會上及其後移到《文學問題》發表的論文彙集成《世界文學中的現實主義問題》出版㉓。

2.「現實主義與反現實主義」公式在中國所引起的論爭 (1956-58.3)

(一)茅盾的《夜讀偶記》

現實主義與反現實主義公式在中國也引起了論爭。文學理論家茅盾對這個公式持肯定的態度，他的有關觀點最早見於《夜讀偶記》（《文藝報》1958.1-5㉔）。《夜讀偶記》寫作之前，何直（秦兆陽，1916-　）發表了〈現實主義——廣闊的道路——對於現實主義的再認識〉(1956.9)一文，如所周知，這篇文章是希望擺脫無產階級現實主義的局限，結果遭受批判。何直當時受到馬林可夫（Georgiǐ M. Malenkov, 1902-88）在蘇共19大的報告(1952.10)以及西蒙諾夫(Konstanitin M. Simonov, 1915-79)

在第2次作家大會上（1954.12)的發言影響，提倡「寫眞實」，「反『無衝突論』」，「非英雄化」（寫「普通人」）等解凍期（1953-76)文藝創作口號❷，從〈夜讀偶記〉一文，可知茅盾是反對這些口號的，他是想就此表示一下意見。據茅盾去世前才發表的〈「夜讀偶記」的後記〉(1980.4)透露，《夜讀偶記》動筆之時，蘇聯已批判了涅陀希文的公式，艾爾斯布克〈現實主義和所謂反現實主義〉一文的中譯刊登之後，中國報刊上也不斷出現反對涅陀希文公式的論文；他當時一直密切注意蘇聯學術界的討論，本來站在否定的一邊，但寫作途中研究了中國文學史之後，又覺得這一公式「在一定的歷史條件下是對的，但不能走得太遠，把它看作永恆的規律」❷。所謂「永恆的規律」我想是指不可如「何直」那樣用來分析社會主義時期的文藝。在〈夜讀偶記〉，茅盾認爲中國文學史的確「進行過長期而反復的現實主義和反現實主義的鬥爭」❷，這種鬥爭，在《詩經》已開始出現。〈夜讀偶記〉又否定了現代主義，重申作家的世界觀對創作方法的作用，並主張寫英雄人物。〈夜讀偶記〉的影響非常大，有些文學史就使用了這一公式寫成，其中包括北京大學中文系文學專門五五級集體編著的《中國文學史》(1958.9)和北京師範大學中文系五五級學生集體編寫的《中國民間文學史》(1959.6)。

(二)劉大杰與茅盾的論爭

現實主義與反現實主義公式無疑是錯誤的理論，當時反對茅盾觀點的學者爲數不少❷，茅盾則認爲何其芳(何永芳，1912-77)的〈文學史討論中的幾個問題〉(1959年7-8月)最有權威性❷，不過他針對最多的，是以《中國文學發展史》一書馳名的文學史家劉大杰的一系列文章。劉大杰(1904-77)當年共發表了5篇有針對性論文(1956-59)，現在都收進《劉大杰古典文學論文選集》

(1984.1)❸，頗便參考。劉大杰是在艾爾斯布克的〈現實主義和所謂反現實主義〉一文中譯發表(1956.7)後一個月加入討論的，當時劉大杰無疑是最有寫作中國文學史經驗的學者，他的著作評價如何又是另一回事。劉大杰的反對意見有兩點是最基本的：(1)是現實主義概念不明確。如果說現實主義古已有之，可以上推到《詩經》，但《詩經》沒有恩格斯所說的典型人物，《詩經》以後的中國文學主要形式很多時是詩歌，詩歌是很難塑造人物的❸；(2)是浪漫主義問題。現實主義與浪漫主義有著不同創作方法，公式的提倡者是企圖把革命浪漫主義納入現實主義的範圍❷。這種情況就如後來的「社會主義現實主義」「開放體系」那樣，為了維持「社會主義現實主義」這一名稱上，要求把現代主義也納入「開放體系」之中。文革後，「現實主義與反現實主義」的公式在中國仍有支持者❸，但並沒有引起大規模的爭論。

㈢「現實主義與反現實主義」公式論爭的結束
　　——毛澤東的「現實主義與浪漫主義結合」公式

這次論爭後來因為毛澤東（1893-1976)忽然提出「現實主義與浪漫主義結合」的公式(1958.3)而結束。

四、匈牙利事件的影響
——盧卡契與胡風事件

第二次世界大戰(1939.9.1-1945.5.8德國投降）結束，匈牙利得以建國，盧卡契回到布達佩斯任美學和文化哲學教授，並被選為匈牙利科學院院士。1949-52年間，匈牙利共黨拉科西(Matyas Rakosi, 1892-1971)政權施行斯大林式的肅反，約20萬人因為政治理由受到迫害，許多黨員被殺；過速的工業化計劃也帶來工人收入大幅度下降。1953年3月，斯大林去世，蘇聯內部開始

有了變化；1956年2月，蘇聯共黨召開第20次大會（2.14-25），赫魯曉夫(Nikita S. Khrushchev,1894-1971)在秘密會議（14,25日）上批判了斯大林。

1.盧卡契晚年的政治活動

在匈牙利的盧卡契這時也積極參加由知識分子組成的「裴多芬俱樂部」(1955-1956.11)的活動，批判斯大林主義。匈牙利人民這時擁立一度被迫下野（1953.7-55.4）的納吉(Imre Nagy, 1896-1958)為總理（1956.10.24-11.4），盧卡契出任納吉的文化部長。11月1日，納吉為了抵抗蘇聯的軍事干涉以及確保黨外的支持，決定採用多黨制，同月2日宣布退出華沙協議，結果遭到蘇軍的鎮壓(4日)，史稱匈牙利事件。盧卡契亡命羅馬尼亞，翌年回國。1969年又重新被邀入黨。盧卡契晚年的重要著作是兩卷本的《美學》(1963，中譯：《審美特性》第1卷，1986)和《關於社會存在的本體論》(1968，中譯：1989)。

2.關於胡風事件

50年代正是中蘇蜜月期(1949-1960.7)，中共追隨蘇聯的觀點，批判了盧卡契，胡風事件也反映了中共對盧卡契思想的立場。胡風(張光人，1902-85)在留學日本時(1929-1933)曾接觸到福本主義，形成有別於毛澤東的文藝學方法，即所謂主觀戰鬥精神。40-50年代的胡風文藝思想，其實深受〈敘述與描寫〉(1936)的啟示。〈敘述與描寫〉一文在文藝思想史上，也是非常有名的，這篇文章對胡風的影響主要有兩點：(1)是關於辯證法與形式的問題；(2)世界觀與創作方法問題。

(一)世界觀與創作方法

1932年4月，即拉普解散的同月，蘇共發表了恩格斯兩封談文藝的信，信裡談到兩個問題：其一，是有關典型的，認為現實

主義就是要塑造典型環境的典型人物；其二，是「世界觀與創作方法」可以不一致。關於典型問題，胡風與周揚(周起應，1908-89)已於1935-1936年間展開過論爭，現在要交代的是第二點。胡風自從在1940年底看到呂熒(何佶，1915-69)所譯的〈敘述與描寫〉（1936）文稿之後**❸❹**，就開始採用盧卡契的違反論。巴爾扎克(Honoré de Balzac, 1799-1850)世界觀問題在蘇聯引起討論之時（1932-34），各方見解可分為3派：(1)是認為世界觀與創作方法之間有衝突或矛盾──羅森塔爾(Mark M. Rozental', 1906-75)、阿爾特曼(I. Atman)持此說──賴於派；(2)是創作方法可違背自己世界觀──盧卡契與李夫希茨(Mikhail A. Lifshits, 1905-83)持此說──違背派；(3)把創作方法與世界觀等同起來──努西諾夫(I. Nusinov)**❸❺**。1952年12月，文協召開「胡風文藝思想討論會」，《文藝報》1953年2、3月號分別刊登了林默涵（林烈，1913- ）和何其芳對胡風批判的論文，認為胡風是反現實主義的。胡風為反駁林、何等的觀點，寫了萬言書交給中共中央，這篇萬言書後印成《胡風對文藝問題的意見》，附於《文藝報》1955年1、2號派發。在《胡風對文藝問題的意見》，胡風用違反論解釋世界觀與創作方法矛盾，以否定黨性的原則，並指責林默涵、何其芳仍然停留在拉普的觀點**❸❻**。

(二)民族形式問題

40年代，延安和重慶等地區都曾展開過關於民族形式的討論。辯證唯物主義研究者向林冰（原名趙濟焱，以筆名趙紀彬知名，1905-82)當時從「內容決定意識」的政治學上認為文學形式可以被揚棄被改造，以解釋文學與形式的關係。胡風在《民族形式的問題》（1940）引用好幾位馬克思主義理論家的觀點以否定向林冰的說法**❸❼**，於盧卡契的言論方面，胡風引用〈敘述與描寫〉

（1936）的論述：盧卡契認爲文藝現象是「由生活裏面出來」，「決不是由於藝術形式本身固有的辯法而發生的」❸。何其芳批判胡風的論文中，顯示他是以蘇聯對盧卡契文藝理論的看法及其人的政治問題作出評價的❸。

　　㈢小結

　　胡風最後以下獄聞，因此頗得到同情，不過我們不要忘記他的文藝觀其實與毛澤東的文藝政策大同小異，都是以建造無產階級文化爲目的的。

五、對文革後的中國的影響
——作為文化哲學的新馬克思主義

　　從文革結束，到1989年 6 月 4 日的天安門事件爲止，中共的文藝政策徘徊在肯定和否定無產階級文化之間，不過，文藝界對現代主義的譯介，實際上已對毛澤東文藝政策作了否定。鑑於文藝從屬於政治的悲劇，鄧小平(1904-　)在〈中國文學藝術工作者第 4 次代表大會上的祝辭〉(1979)明確提出今後共黨不再「要 求文學藝術從屬於臨時的、具體的、直接的政治任務」❹，中共中央通過否定文革的決議——〈關於建國以來黨的若干歷史問題的決議〉(1981.6.21)，對毛澤東擴大階級鬥爭的做法也作了否定。以上是中共力圖擺脫無產階級文化的傾向，但矛盾還是存在的，因爲不久之前(1979.3.30)，鄧小平又曾提出了「四項基本原則」：(1)是堅持社會主義道路；(2)是堅持人民民主專政，即無產階級專政；(3)是堅持中國共產黨領導；(4)是堅持馬克思列寧主義、毛澤東思想。如何看待毛澤東思想，就成爲鄧小平時代文藝政策的矛盾。

1.馬克思《軍經濟學—哲學手稿》的討論熱潮❺

　　文革的悲劇，使中共重新考慮從人道主義角度研究馬克思主義，在文革結束之前，人道主義是被認為是反馬克思主義的。1979年10月，美學家朱光潛(1897-1987)發表〈關於人性、人道主義、人情味和共同美問題〉一文❹，掀起了馬克思《1844年經濟學──哲學手稿》討論的熱潮，有關人道主義與異化的理論一時成為熱門的論題。青年馬克思是肯定共同人性的，是以異化分析問題的，是認為「意識決定存在」的，結果後來證明青年馬克思成為挫敗保守馬克思主義的利器。

2.盧卡契及西方馬克思主義著作的譯介

　　由於盧卡契是最早討論馬克思異化論的學者，所以自然也就在這較為寬鬆的環境引進過來。中共到了文革後才對盧卡契進行全面的研究，黨並無明顯表示過對盧卡契的肯定，1984年9月，《紅旗雜誌》❷仍然發表長篇論文，對《歷史和階級意識》作了全面批判，《紅旗雜誌》的最後一擊，似乎對已成為顯學的西方馬克思主義理論無能為力。法蘭克福學派的大師諸如霍克海默(Max Horkheimer, 1895-1973)、馬爾庫茲(Herbert Marcuse, 1898-1979)、阿道爾諾(Theodor Wiesengund Adorno, 1903-69)等等的著作，源源不斷地譯介到中國，《國外馬克思主義和社會科學研究叢書》(重慶，1989年開始出版)可為代表。在研究西方馬克思主義方面，徐崇溫的《西方馬克思主義》(1982.5)，可說是一面里程碑，這本書對台灣的新馬克思主義熱也有一定的影響，台灣大學出身而在新加坡國立大學政治系任教的洪鎌德是台灣新馬熱的代表人物，洪氏曾經應邀講學於北京大學(1987)❸，成為溝通大陸和台灣研究西方馬克思主義的中介者，大陸學者的有關著作，也在台灣找到市場。葛蘭西是最後一位強調階級鬥爭的西方馬克思主義者，由於文革後中共基本上不再大搞運動，西

方馬克思主義的文化哲學就有了與之相適應的土壤。西方馬克思主義之所以稱爲文化哲學，是因爲這一派的代表人都放棄對政治的直接參與，又長期在大學任教，他們大都顯示對文藝研究的興趣，對其他社會科學研究，也作出了不少的貢獻，例如法蘭克福學派結合馬克思主義和心理學的研究等等，對西方馬克思主義的研究，也直接叩開了現代西方學術思想的大門。爲脫離斯大林主義和保守馬克思主義做好思想上和理論上的準備，意義非常重大。

3. 現代主義的重新評價以及社會主義異化論

　　文革後，中共開始廣泛地與資本主義國家進行文化交流，也開始著手研究西方的現代主義文藝，現代主義不久之後也取代現實主義，成爲文藝創作的主流。文革後初期對現代主義的研究，是以盧卡契的物化論爲基礎的❹；如弗雷德里克·傑姆遜（Fredric Jameson, 1934- ）所總結的那樣：盧卡契從總體性（totality）的概念去肯定現實主義，現實主義是透過小說刻劃社會的全貌，但是現代主義則完全相反，就以卡夫卡(Franz Kafka, 1883-1924)的作品爲例，「現代主義藝術不再反映社會關係，把一切事物都變成了很奇怪的富於魔力的現象，或者是美妙絕倫，或者是陰森可怖」，「現代主義把敘述變爲描寫，故事開始消失，而個人的瘋狂的經驗開始出現」，因此現代主義文化，是物化社會的特徵(《後現代主義與文化理論》，1987.8)❺。眾所周知，長久以來，中共的文藝政策是社會主義現實主義，盧卡契這種維護現實主義的言論，又很符合保守馬克思主義者的觀點；另一方面，藉口研究西方文學如何異化，也是續漸引進現代主義的策略之一，結果是現代主義文獻源源不斷譯介到中國。盧卡契的物化論是針對資本主義而言，不過有些中共的學者卻以物化論來研究

文革的悲劇和所謂社會主義悲劇，於是出現了所謂「社會主義異化論」，結果在「清除精神污染」運動(1983.10~1984.1)期間遭受批判。清除精神污染運動主要是針對人道主義和「社會主義異化論」。中央宣傳部長鄧力群(1915-　)由於得到鄧小平和胡喬木(1905-92)的支持，掀起了這個運動❹，在六四天安門事件之後餘波尚存。在清除精神污染事件之中，胡喬木發表了長文(〈關於人道主義和異化問題〉，1984.1)，認爲：(1)人道主義和馬克思主義是根本對立的；(2)不能把馬克思主義整體或部分歸結爲人道主義；(3)承認資産階級人道主義某些內容可以經改造而爲社會主義人道主義所接受（王若水的總結）❹。哲學家王若水(1926-　)在1980年6月的一次講話開始談到社會主義異化論，認爲社會主義不僅在思想上、政治上有異化，甚至經濟上也有異化，在文革中，人也異化了，失去自己，失去了智慧和才能❹。王若水在事件中被革除《人民日報》副編輯之職　(1978.7-1983.12?)。周揚在中國社會科學院和教育部聯合舉辦的全國紀念馬克思逝世二百周年學術報告會上(1989.3.12)發言，肯定異化論，結果被迫公開作了檢討(11.5)❹。

4.反映論的否定

　　文革後，馬克思主義的心理學化隨著西方馬克思主義的譯介而成爲主流。社會科學各領域，都因爲對人的能動性的認識、而著重人的主體性的研究，表現論也因此得以重新肯定。從審美的基本原理看來，文學無疑是自我表現而不是反映，鄧小平「實踐是檢證眞理的唯一標準」(1978.5.11)的口號，也成爲以實踐觀點否定列寧反映論的助力。盧卡契本來是最早以實踐觀點解釋馬克思主義的思想家，可是他後來作了自我否定，支持列寧的反映論，結果影響了涅陀希文，涅陀希文又影響了茅盾，所以在否定

反映論的同時對盧卡契也作了批判❺。

六、結 論
——盧卡契思辯哲學的悲劇

　　《歷史和階級意識》一書無疑是人類的重要遺產之一，學術界都願意給與很高的評價，可是這本書的作者帶給中國的是什麼呢？叫得而言者有二：㈠他的物化論結合無產階級文化對知識分子否定的理論，令中國知識分子吃盡苦頭；㈡是「偉大現實主義」又把文藝研究和創作限制於反映論之內。我們引進盧卡契的思想以至西方馬克思主義時，不要忘記過去所付出的代價。

　　（本文在第三屆「文學與美學研討會」〔淡江大學中文研究所主辦，1991年4月27-28日〕宣讀，承評講呂正惠教授、施淑女教授，以及座中友好惠賜寶貴意見，至為感激，謹此致以十二萬分的謝意，會後曾參考各方面的意見作了修訂。本文的初稿承蔣英豪博士仔細校閱，今謹一併致謝。）

【注釋】

❶㈠高宣揚：《新馬克思主義導引》（香港：天地圖書公司，1986）；㈡徐崇溫：《西方馬克思主義》（天津：天津人民出版社，1982）；㈢歐陽謙：《人的主體性和人的解放——西方馬克思主義的文化哲學初探》（濟南：山東文藝出版社，1986），此書的台灣版易名為《西方馬克思主義的文化哲學》（台北：雅典出版社，1988）；中國大陸於西方馬克思主義研究概況，可參：㈣陳墇津：〈大陸學界對盧卡奇的探索〉，《中國大陸研究》28卷5期，1985年11月，頁73-82，重點介紹文革的動態，包括觀點、論文和譯介新書；以下的目錄，對文革前後(至1980)的研究情況，似乎也有方

便之處：㈤《全國主要報刊哲學論文資料索引》(1900-1949)(四川大學復
旦大學哲學系資料室編，北京：商務印書館，1989）參此書的〈附解放後
外國哲學史等專題論文資料索引（1949-1980）〉，頁523-527；至於台灣
近年的研究，則參：㈥洪鎌德：《新馬克思主義和現代社會科學》，台北：
森木圖書有限公司，1988，頁201-208，〈新馬克思主義在台灣〉的介紹，
以及〈中文參考書目〉，頁209-210。80年代開始，中國大陸學者已可以向
台灣刊物投稿以及出版著作，大陸的西方馬克思主義著作很多都有了台灣
版。

❷拙稿〈福本主義對魯迅的影響〉（《魯迅月刊》1990年7期，1990年7月，
頁12-21)對福本主義理論作了綜合的介紹，內容包括：㈠日語有關福本主
義的文獻；㈡福本主義的特徵；㈢中國福本主義者的理論；㈣中國革命文
學論戰與福本主義的關係；㈤魯迅如何接受了福本主義。

❸參池田浩士(IKEDA Hiroshi, 1940-)編《論爭·歷史と階級意識》（《論
爭·歷史和階級意識》，東京：河出書房新社，1977)，頁33， 池田是研
究盧卡契的專家，此書網羅包括日本在內的、有關《歷史和階級意識》所
引起的論爭文獻。

❹有關福本和夫生平和福本主義，我參考了下列各種著作，㈠渡部徹
(WATANABE Tooru, 1918-　)：〈福本主義〉，《日本近現代史辭典》(日
本近代史辭典編集委員會編，東京：東洋經濟新報社，1978)，頁54；㈡
〈福本和夫〉（執筆者未有署名），《日本社會運動人名辭典》（鹽田莊
兵衛[SHIOTA Shōbee, 1921-　]主編，東京：青木書店，1979），頁481-
482；㈢石見尙(IWAMI Takashi, 1915-　)，〈福本和夫〉《現代マルクス＝
レーニン主義事典》（《現代馬克思列寧主義辭典》，岡崎次郎（OKAZAK
Jirō, 1904-　)主編，東京：社會思想社，1981)，下冊，頁1748-1751；
其中以第三項最爲詳細；㈣大島清(OOSHIMA Kiyoshi, 1913-　)：〈山川
イズムと福本イズム〉（〈山川主義與福本主義〉)，同上，頁2145-2147，

這一辭條作了非常扼要的介紹；㈤立花隆(TACHIBANA Takashi, 1940-　)《日本共產黨の研究》(《日本共產黨的研究》，東京：講談社，1983)，冊1，頁102-148。此書在日本學術界頗有好評，於福本旋風的描寫，能撿拾同時代人的回憶，文筆也比較風趣。

❺參㈠齋藤敏康(SATŌ Toshiyashi, 1950-　)著、劉平譯：〈福本主義對李初梨的影響——創造社「革命文學」理論的發展〉，《中國現代文學研究叢刊》1983年3期，1983年9月，頁339-360，齋藤氏這篇論文開拓了福本主義對中國影響的研究，對中國大陸的左翼文學研究影響極大；㈡F. R. Hansen（漢普施）：The Breakdown of Capitalism. A History of the Idea in Western Marxism, 1883-1983（《資本主義的崩潰——一個西方馬克思主義的觀點的發展史》，London: Routledge & Kegan Paul,1985)，漢普施此書有助於了解資本主義急劇沒落論的成因；福本主義對台灣左翼運動也有影響，參㈢陳芳明(1947-　)：〈台共領袖謝雪紅的俄國經驗〉，《中國論壇》31卷3期，1990年12月，頁61-67。

❻栗原幸夫(KURIHARA Yukio, 1927-)等編：《資料世界プロレタリア文學運動》(東京：三一書房，1-6卷，1972-74)。

❼《蘇聯「無產階級文化派」論爭資料》(鄭異凡編譯，北京：人民出版社，1980)。

❽《無產階級文化派資料選編》(白嗣宏編，北京：中國社會科學出版社，1983)。

❾《中國大百科全書·哲學》(胡繩[1918-]主編：北京，上海：中國大百科全書出版社，1987)，上卷，〈馬赫〉條目(夏基松執筆)，頁556。

❿約翰·霍夫曼(John Hoffman)：《實踐派理論和馬克思主義》(Marxism and the Theory of Praxis，周裕昶、杜章智譯，北京：社會科學文獻出版社，1988)。這是以實踐派的觀點否定列寧的反映論的著作，應該注意的是中共中央目前並無意否定列寧的反映論。

❶《怎麼辦》（《列寧全集》，中共中央馬克思恩格斯列寧斯大林著作編譯局編譯，北京：人民出版社，1963年，3版），卷5，頁421-422, 435；441；336；440-441；394,436；391。

❷《歷史和階級意識──馬克思主義辯證法研究》（喬治·盧卡奇著，張西平譯，重慶：重慶出版社，1989)，關於〈組織問題的方法〉一章，頁318-365。

❸徐崇溫：《西方馬克思主義》，頁77。

❹平野謙(TARANO Ken, 1907-78)等編：《現代日本文學論爭史》（東京：未來社，1969, 11版），上卷，頁351-355。

❺參栗原幸夫(KURIHARA Yukio, 1927-　)：《プロレタリア文學とその時代》（《無產階級文學及其時代》，東京：平凡社，1971)，頁161。

❻《毛澤東集》(竹內實[TAKEUCHI Minoru, 1923-　]編，香港：近代史料供應社影印，1975)，卷8，頁122。

❼收入《「革命文學」論爭資料選編》（中國社會科學院文學研究所現代文學研究室編，北京：人民文學出版社，1981)，上冊，頁130-137。

❽V.羅果文(Rogovin)，S.馬申斯基(Mashinski)：〈蘇聯的文學爭論〉，郭家申、錢善行譯，《世界文學》1985年6期，1985年6月，頁266。

❾參吳元邁：《蘇聯文學思潮》（杭州：浙江文藝出版社，1985)，頁135-138。

❿參王永江：〈亞歷山大洛夫的「西歐哲學史」和日丹諾夫對它的批判〉，《現代外國哲學》8輯，1986年2月，頁61-74。亞歷山大洛夫(Gerogii F. Aleksandrov, 1908-61)的《西歐哲學史》（王永江、顏品忠、湯俠聲等譯，北京：商務印書館，1989)目前已有中譯本，日丹諾夫的觀點是因為批判這本書而知名的。

⓫楊成寅(1926-　)譯，北京：朝花美術出版社，1958。

⓬《學習譯叢》1956年7月號，頁32-37。

❷❸《世界文學中的現實主義問題》（北京：人民文學出版社，1958）。

❷❹參白水紀子（SHIROUZU Noriko, 1953-　）：〈「夜讀偶記」——狀況整理〉，《野草》37期，1986年3月，頁18-45。

❷❺《社會主義現實主義研究論文集》（上海：新文藝出版社，1958），第1集，頁490，501。

❷❻❷❼《茅盾文藝評論集》（北京：文化藝術出版社，1981），下冊，頁887，803。原刊《文藝研究》1980年4期。

❷❽贊成和反對的論文，可參：《中國古典文學研究論文索引，1949-1990》（中山大學中文系資料室編，南寧：廣西人民出版社，1984），頁26-27。

❷❾《茅盾文藝評論集》，頁877。何其芳後來把這篇文章收入《文學藝術的春天》（北京：作家出版社，1964，頁124-159），如白水紀子所示，該文初刊時（《光明日報·文學遺產》271-273期，1959年7月26日，8月2日，和9日），曾對茅盾有所批評，可是收入《文學藝術的春天》時刪去。

❸❶《劉大杰古典文學論文集》（長沙：湖南人民出版社，1984）。

❸❶〈中國古典文學現實主義問題〉，《劉大杰古典文學論文集》，頁1。

❸❷〈文學的主流及其他〉，《劉大杰古典文學論文集》，頁35-36。

❸❸參㈠林煥平(1911-　)、王可平：〈從《夜讀偶記》看茅盾的創作方法理論〉，《文藝理論研究》1983年1期，月份缺，頁56-61；㈡葉伯泉：〈試論我國古代現實主義理論的形成及其特點〉，《文學論集》（人民大學）6輯，1983年3月，頁73-88。

❸❹胡風：〈重慶前期——抗戰回憶錄之十〉，《新文學史料》1987年3期，1987年8月，頁98。

❸❺波斯彼洛夫(G. N. Pospelev, 1899-　)：《文學理論》（王忠琪等譯，北京：三聯書店，1985），頁381-384。

❸❻《胡風對文藝問題的意見》，頁32-39。

❸❼《論民族形式問題》（香港：波文書局，1978，據1941年4月重慶、學術

出版社再版本影印），頁21。

❸〈敘述與描寫——爲討論自然主義和形式主義而作〉，《盧卡契文學論文集》（北京：中國社會科學出版社，1980），卷1，頁48。

❸參㈠何其芳：〈現實主義的路，還是反現實主義的路———一九五二年十二月十一日在胡風文藝思想討論會上的發言〉，《胡風對文藝問題的意見》，頁241，；㈡《胡風對文藝問題的意見》，頁78。

❹《黨和國家領導人論文藝》（中共中央書記處研究室文化組編，北京：文化藝術出版社，1982），頁187-188。

❹主要論文參：《馬克思「手稿」中的美學思想討論集》（程代熙編，西安：陝西人民出版社，1983）。

❹秦澤：〈盧卡奇及其「歷史與階級意識」〉，《紅旗雜誌》總927期，1984年9月，頁41-47。

❹參洪鎌德：《新馬克思主義和現代社會科學》；這是洪氏的新著，有關於他的著作目錄，詳參後附的書目。此外，據羅夏美的〈「陳映眞小說研究」前言〉（《台灣文學觀察雜誌》第2期，1990年9月，頁33)的報導，陳映眞（1936-　)在接受訪問時「承認其小說在大方向上受到盧氏現實主義文學理論的影響」。

❹許汝祉：〈異化文學與兩種異化觀〉，《西方現代主義文學問題論爭集》（何望賢編，北京：人民文學出版社，1984），頁274-293。

❺《後現代主義與文化理論——傑姆遜教授講演集》（唐小兵譯，西安：陝西人民出版社,1987），頁88。

❺參戚本盛(1960-　)：〈「清除精神污染」事件年表〉，《五四文學研究情報》4期，1985年3月，頁52-79。

❺王若水：〈我對人道主義的看法——答覆和商榷〉，《爲人道主義辯護》（北京：三聯書店，1986），頁241。

❺王若水：《爲人道主義辯護》，頁189，194，198。

㊽ 《西方現代主義文學問題論爭集》，頁58，75。

㊾ ㈠鄭伯農：〈反映論的歷史命運〉，《當代文藝思潮》1986年2期，3月，頁64-71；㈡徐書城：〈如何在美學理論中正確運用馬克思主義反映論——蘇聯早期美學理論中的一個問題〉，《外國美學》2期，1986年4月，頁17-33。

福本主義對魯迅的影響

一、引　言

　　如題目所示，本文準備研究福本主義對魯迅的影響，爲探討魯迅晚年思想發展提供一個線索。由於本文只集中討論福本主義如何影響魯迅，所以有關福本主義的其他的細節，將另文交代。中國國內的魯迅專家曾經認爲福本主義對魯迅並沒任何影響❶，這是一種觀點，我準備提供另一看法。

二、什麼叫做山川主義
——兼談福本主義對它的批判

　　福本主義是因批判山川主義而確立的，所以首先要明白什麼叫做山川主義。山川均(YAMAGAWA Hitashi, 1880-1958)，岡山縣人，一度就讀於同志社，其後參加了新成立(1906)的社會黨，又與堺利彥(SAKAI Toshihiko, 1870-1933)等創立《社會主義研究》(1919.4)，公開討論馬克思主義。1922年7月，日共在第三國際的援助下建黨，當時山川均態度並不積極，但不反對；日共把山川均主持的刊物《社會主義研究》和《前衛》合併爲黨的機關刊物《赤旗》，其間山川均也曾經協助，後來還在上面發表文章❷。

1.欠缺建立職業革命家的黨的觀念

　　1923年6月，成立未幾的日本共產黨受到鎮壓，再加上不久之後又發生了關東大地震(1923.9.1)，日共結果在1924年春宣佈

解散。山川均對日共的解散表示積極的支持，第三國際因此大怒，翌年指示重新組黨，但山川沒有服從，之後，就沒有再加入日共。山川的想法是：正如列寧(Vladimir Il'ich Lenin, 1870-1924)的布爾什維克黨植根於俄國的現實基礎一樣，日本的左翼運動也應植根於日本的現實，走自己的路，所以決心與第三國際劃清界線。但是，列寧主義的其中一個特徵，就是建黨思想，福本主義的黨組織理論，完全站在與列寧同一立場。在《怎麼辦》(1902)和《進一步，退兩步》(1904)等著作，列寧強調要組織一個由職業革命家領導的秘密的黨，黨組織之所以要秘密，是因為要防止核心黨員被警察逮捕，也因為同樣的原因，黨組織必須與一般的工會組織分開❸，黨要把工人提升為革命家，黨的職業革命家不應該把自己降低為工人群眾❹，所謂沒有理論就沒有革命❺，黨的職業革命家應該透過理論鬥爭，提高自己的水平，以免落於工人自發的革命形勢之後❻，並利用各種各樣的小組織、協會、團體與人民大眾接觸，但不可把黨組織與這些人民大眾的小團體混為一談❼。列寧因此否定要職業革命家「到大眾去」的做法❽。

2.議會主義

　　山川均這時的政治策略，是他在1922年7-8月間發表的「無產階級運動方向轉換」論，這個理論包括「到政治去」和「到大眾去」的構想。山川認為日本左翼運動，一直是少數激進派對當前政治的否定運動，今後要跟資本主義鬥爭，一定要植根大眾，以大眾願望要求為基礎，所以他提出到大眾去的口號。那時的山川均的政治思想，與伯恩斯坦(Eduard Bernstein, 1850-1932)的議會主義極其類似。1923年10月，日本內閣發表普選(合法選舉) 聲明，當時任領導地位的山川均主張結束非法活動，透過成立無產政黨爭取合法地位,終在年3月成立了勞動農民黨(1926.3-

1928.4)。依列寧的黨組織論，山川主義可非議的就是他把工會、農會、政黨合而爲一，所謂政治鬥爭不過是希望參加普選。山川主義沒有獨立於工農組織以外的黨的觀念。所以福本和夫說山川主義的方向轉換論是折衷主義。

三、福本和夫的生平

在20年代日本左翼運動之中，福本主義的出現，實起啓蒙的作用。目前日本學術界都肯定一點，就是福本主義把日本的馬克思主義理論引向一個較高的水平，特別是福本能夠準確把握馬克思主義與辯証法的關係，並用以指導日本的革命運動。在福本其人遭第三國際批評而去職之後，福本主義引進的西方馬克思主義方法仍然在日本左翼運動中留下極其深遠的影響❾。

1.柯爾思的入室弟子

福本和夫（FUKUMOTO Kazuo, 1894-1983）畢業於東京大學政治系(1920)，在高等院校當了兩年教授之後，以教育部研究員(1922.3)身份往美、英、德、法等國留學，兩年半後(1924年秋)回國❿。福本唸大學時已開始研究唯物主義的，到德國後，曾經前往拜訪柯爾思(Karl Korsch, 1886-1961)，之後常常得柯爾思的指導。德國的柯爾思、意大利的葛蘭西(Antonio Gramsci, 1891-1937)和匈牙利的盧卡契是西方馬克思主義的奠基人。在「第1次馬克思主義研究周」（一說是在1922年夏，一說是在1923年5月下旬）⓫召開之時，福本在柯爾思的引領下參加，並認識了盧卡契；1923年春，福本再度有機會與盧卡契會晤，盧卡契即以《歷史的階級意識》（1923年1-5月間刊行）相贈⓬。

2.所謂福本旋風的形成

1924年12月，福本開始向《馬克思主義》(1924.5-1929.4)

投稿，全力抨擊當時流行的山川主義。福本的表達方式是博引馬克思列寧的原典，然後略加自己的評語，這些馬列原典大都是尚未譯介到日本的，一時令日本左翼知識分子感到震驚，另一方面，由於大都是引文，就算要批判也不知從何著手。當時的日共中央委員多不懂外語，馬克思主義修養也只限於《共產黨宣言》、《國家與革命》、《經濟學批判》、《資本論》等幾種。林房雄（HAYASHI Busao, 1903-75）是當時日共的理論家，他審閱福本的手稿之後，自歎學力不足，馬上推薦發表。1923至1926年之間，日共元老不少仍在獄中，重整黨務又迫在眉睫，於是日共就邀請福本和夫到東京當《馬克思主義》的副編輯（1926.4- ），同年12月黨重建之時，福本和夫負責起草宣言，並出任中央委員和政治部長。如此，福本和夫在兩年零一個月內，從一個籍籍無名的投稿者，一躍而為日共領導人 ❸。

3. 第三國際對福本主義的批判

　　當時第三國際的駐日特使不懂盧卡契物化論，對福本主義也有所懷疑，此外，又似乎向布哈林（Ivanovich Nikolai Bukharin, 1888-1938）報告了福本對《史的唯物論》的批判——盧卡契與福本和夫都先後批評布哈林不懂辯証法。當時主持第三國際的就是布哈林，如此就決定了福本主義的命運。1926年12月日共召開重建黨組織的大會後，第三國際已得到報告，知道日共有反抗的傾向，於是召德田球一（TOKUDA Kyūichi, 1894-1953）、福本和夫等主要幹部到莫斯科（1927年5月間出發，同年12月才回國）。1927年6月，蘇聯《真理報》刊登了〈日本27年綱領〉，批判了山川主義和福本主義，福本主義被認為是宗派主義，布哈林認為列寧的黨組織理論不適用於日本的形勢。福本和夫回國不久之後被逮捕，身繫囹圄14年，藏原惟人（KUWAHARA Korehito,

1902-1991)接著成爲日本的理論界的領導者，藏原的思想並未能擺脫福本主義的影響❶。

4.日本文壇的分裂
——福本主義「分離結合論」的作用

　　職業革命家必須嚴加挑選，列寧就有了在黨組織中排除非布爾什維克主義者的想法，這種黨組織的想法，就是福本主義的分離結合論的基礎，列寧就曾經提出他所代表的布爾什維克主義要與孟什維克主義者劃清界線，這一經典論述也見於福本的論文❶。由於福本和夫引進列寧純化黨內部思想的黨組織論，在福本主義的影響下，作爲左翼作家統一戰線的「日本無產階級文藝聯盟」(1925.12-1926.11)在1926年召開第2次大會，會上進行改組，成立「日本無產階級藝術聯盟」(1926.11-1928.3)，排斥了無政府主義者和非馬克思主義者。在福本和夫等日共領袖訪蘇期間，「日本無產階級藝術聯盟」又分裂成兩派，青野季吉、林房雄、藏原惟人等另組成「勞農藝術家聯盟」(1927.6-1932.5)，他們的機關刊物是1924年6月已創刊的《文藝戰線》；留在聯盟內的成員中野重治(NAKANO, 1902-79)、鹿地亙(KAJI Wataru, 1903-82)等，則另辦刊物《無產階級藝術》(1927.7-1928.4)。在〈日本27年綱領〉發表之時，福本和夫尙未回國，藏原惟人據《眞理報》加以日譯，交《文藝戰線》(1927.10)發表。不久之後，山川均寫了頗爲激烈的批判福本和夫的論文，要求在《文藝戰線》刊登。青野季吉等主張發表，但山田清三郎(YAMADA Seizaburō, 1896-1987)、藏原惟人、林房雄等反對，反對者後來宣佈脫離該組織，另成立「前衛藝術家同盟」(1928.11-1929. 3)，另行出版機關刊物《前衛》(1928.1-4)。於是在兩年之間，日本的左翼作家就分裂成爲兩大派，此外還有一些較小的組織❶。

四、中國福本主義者的方法

　　衆所周知，20年代流行於中國和日本的馬克思主義，實際上是俄國馬克思主義。有關蘇聯建國之後二十年的文藝理論研究，目前以葉莫爾拉耶夫（Herman Emoelave）《蘇聯的社會主義現實主義》（1963）❶一書最負盛名，此書於1981年譯介(收入《「拉普」資料匯編》上，1981.9)❶到中國之後，對中國左翼文學運動的研究產生了極其深遠的影響。在現代中國文學史以至魯迅研究，最常見的現象是把馬克思主義文學等同無產階級文學，魯迅晚年加入左聯（1930-36），提倡無產階級文學，並因此受到許多文學史家的推崇。可是就以魯迅而論，魯迅所接觸以至接受的俄國馬克思主義，起碼包括列寧、普列漢諾夫(Georgiĭ V. Plekhonov, 1856-1918)、波格丹諾夫和托洛斯基(Lev Davidovich Trotskiĭ, 1879-1940)等人的文藝思想，這幾位蘇聯政治家各有不同的認識論或政治學方法，因此他們的文藝思想也很不一樣。所謂無產階級文學，是源於俄國馬克思主義中的建設無產階級文化的概念，這種無產階級文化，是相對於資本主義而成立的。文革後出有白嗣宏編的《無產階級文化派資料選編》(1983.3)❶，頗便參考。最早提倡無產階級文化的是波格丹諾夫，拉普(RAPP，1925-32)時期的無產階級文化理論，與波格丹諾夫並不完全一致，但否定資本主義文化的立場則一。拉普的理論，後來被蘇聯在1932年4月以後逐漸形成的社會主義現實主義所取代，但是，在中國文革(1966-76)期間卻得到實踐檢證，對重評20年代的中國左翼文學運動，不無幫助。福本和夫沒有談及文藝方法問題，至於日本和中國的福本主義者則是結合波格丹諾夫的「無產階級文化」、列寧的黨組織論和盧卡契的「無產階級

意識」，形成革命文學的理論⑳。第3期創造社作家之中，以李初梨（李楚離，1900-94)的論文最能突現福本主義的特徵，在發表於1929年1月的一篇論文，李初梨即直接指出他們的文學運動，實應負有一個無產階級文化會（Proletcult, 1917-1932）的使命㉑，在〈怎樣建設革命文學〉一文(1928.2)，又舉波格丹諾夫的作品《赤星》作爲無產階級文學的模範㉒。

五、福本主義於文學運動的影響

因爲福本主義的關係，日本無產階級文學開始注意階級意識和黨的作用。福本主義對文學運動的影響，可以從〈宣言一篇〉的論爭說起㉓。

1.〈宣言一篇〉的論爭

有島武郎(ARISHIMA Takeo, 1878-1923)是日本「白樺派」作家，「白樺派」受托爾斯泰(Lev Nikolaevich Tolstoǐ, 1829-1910)影響，有強烈的人道主義傾向。有關「白樺派」對中國的影響，可參考山田敬三(YAMADA Keizō,1937-　)的〈魯迅和「白樺派」作家〉㉔一文。有島武郎於1922年1月發表的〈宣言一篇〉在日本文藝史上是一件大事。有島武郎當時認爲即將到來的時代文化，是第4階級的文化，即無產階級的文化，但是，他又認爲第4階級以外出身的作者，不可能代替第4階級道出他們的心聲，文章發表不久之後，有島就自殺身亡。〈宣言一篇〉引起了左翼知識分子的批評，堺利彥(SAKAI Toshihiko, 1870-1933)認爲此文「不過是一個溫厚的人道主義者嘗試絕望地逃避的宣言」(〈有島氏的絕望宣言〉，1922.2)㉕。岡澤秀虎(OKAZAWA Hidetora, 1902-73)的學生片上伸(KATAGAMI Noburu,1884-1928)又認爲此文是「一種自衛上的神經質」的表現，並舉俄國革命中

知識階級的指導作用，來否定有島武郎的看法(〈階級藝術的問題〉，1922.2)❷❻。到了1926年9月，青野季吉(AONO Suekichi, 1890-1961)發表了〈自然成長與目的意識〉❷❼，「智識階級」的作用，也就正式從列寧的著作找到證據。那時青野季吉已接受了福本和夫有關「無產階級意識」理論，據列寧《怎麼辦》一書寫成此文，列寧在《怎麼辦》認爲社會意識可在智識階級中自然成長，馬克思和恩格斯(Friedrich Engels, 1820-1985)本來都是資產階級知識分子，自發的工人運動不可能形成社會意識，社會意識還是需要有豐富學識的參與革命運動的智識階級創造出來❷❽。

2.魯迅革命文學的理論

山田敬三在討論白樺派對魯迅的影響一文已經指出：魯迅在黃埔軍官學校的演講(1927.4.8)，實有〈宣言一篇〉的影響：

> 在現在，有人以平民——工人農民——爲材料，做小説做詩，我們也稱之爲平民文學，其實這不是平民文學，因爲平民還沒有開口。……現在的文學家都是讀書人，如果工人農民不解放，工人農民的思想，仍是讀書人的思想，必待工人農民得到眞正的解放，然後才有眞正的平民文學。
> （《而已集·革命時代的文學》❷❾）

山田氏的看法很有參考價值。福本主義者是以智識階級爲革命的主體，向大衆作啓蒙，可是魯迅加入左聯之後，仍以中國左翼作家中沒工農出身者爲憾（〈黑暗中國的文藝界的現狀〉，約1931.4-5❸❶），似仍堅持〈宣言一篇〉的觀點。〈革命時代的文學〉是以托洛斯基觀點寫成❸❶，換言之，在這篇文章之中，魯迅揉合了托洛斯基與有島武郎的觀點，這是我的看法 。 魯迅的革命文

學觀和他的民眾觀有著密切的關係，衆所周知，魯迅深受尼采(Friedrich Wihelm Nietzsche, 1844-1900)的影響，筆下的人民大衆多是愚蠢無知，令人感到絕望的，但另一方面，魯迅是一個人道主義者，自覺有喚醒民眾的責任，這就形成了如丸山昇和中井政喜所指出的矛盾的民衆觀——有時信賴民眾，有時又極不相信❸。

3.魯迅在「階級意識」問題上不一致的看法

〈宣言一篇〉對魯迅的影響頗爲重要，丸山昇(MARUYAMA Noboru, 1931-　)早在年已寫了〈魯迅與「宣言一篇」〉的論文❸，可惜一直未引起中國專家的注意。丸山氏指出：魯迅曾翻譯〈宣言一篇〉和片上伸的〈階級藝術的問題〉，收進《壁下譯叢》(1929.9)一書,在同書的〈小引〉，魯迅似乎是支持片上伸的：

> 片上伸教授雖然死後又很有了非難的人，但我總愛他的主張堅實而熱烈。在這裡還編進一點和有島武郎的論爭，可以看看固守本階級和相反的兩派的主意所在❸。

《壁下譯叢‧小引》寫於1929年4月,也就是在左聯成立的前夕，這篇文章，應視爲魯迅肯定無產階級文學的一個開端。可是如丸山氏指出那樣，在〈小引〉寫作之後的一個月，魯迅卻持相反的論調：

> 從這一階級走到那一階級去，自然是能有的事，但最好的意識如何，便一一直說，使大眾看去，爲仇爲友，了了分明。不要腦子存著許多舊的殘滓，卻故意瞞了起來，演戲

似的指著自己的鼻子道，「惟我是無產階級！」

（《三閑集·現今的新文學的概觀》，1929.4**㉟**）

4.馮乃超對魯迅批評
——關於對魯迅人道主義的批判

創造社的福本主義者對魯迅各方面作了各種各樣的批評，其中馮乃超（1901-1983）寫了〈人道主義者怎樣地防衛著自己？〉（1928.4）**㊱**一文，從題目看來，創造社的福本主義分子批判魯迅的人道主義，情形就相當於堺利彥和片上伸對有島武郎的批判，馮乃超的論文題目顯然是堺利彥「一個溫厚的人道主義者嘗試絕望地逃避的宣言」和片上伸「一種自衛上的神經質」兩句評語的綜合體。

六、福本主義對魯迅的影響
——對無產階級文化的肯定

國民黨清黨(1927.4.12)之後，眾所周知，在鄭伯奇（鄭隆謹，1895-1979)的努力之下，上海的主要左翼作家如郭沫若（郭開貞，1892-1978)、蔣光慈(蔣俠僧，1901-31)和魯迅等同意合組統一戰線，可是因為成仿吾（成灝，1897-1984)的反對而作罷**㊲**，不但如此，第3期的創造社剛從日本退學回國的成員，還引進福本主義，對創造社元老郭沫若、郁達夫（郁文，1896-1945)和以至蔣光慈、魯迅大舉批判，掀起革命文學論戰的高潮。其他作家暫不討論，創造社的福本主義者之所以要批判魯迅，很明顯是因為魯迅當時信仰托洛斯基和有島武郎的文藝觀點，托洛斯基是以反對無產階級文化知名的。

1.魯迅對無產階級文化的肯定

托洛斯基在《文學與革命》(1923)一書，特別用了整整一章
說明他為什麼要否定波格丹諾夫以來的無產階級文化理論，托洛
斯基認為：資本主義文化從文藝復興時代算起，已有5個世紀，
至19世紀後半期到達極盛階段，顯示一個統治階級的一種新文化
是需要很長的時間才能形成，無產階級專政相對於社會主義建成
是一個過渡時期，最多延續至幾十年，不會至幾百年，幾千年，
在這一短暫的時間內是不可能創造一種新的文化，所以托洛斯基
認為沒有建設無產階級文化的必要❸。

(一)托洛斯基對魯迅影響的問題

托洛斯基對魯迅的影響，在魯迅研究而言，已屬於常識範
圍，以下幾點，尤其可以說明魯迅以及其同時代的文學家對托洛
斯基的反無產階級文化的主張，是有相當了解的：(1)魯迅對《革
命與文學》一書的出版異常關心❸，此外魯迅在1926年曾譯過
《文學與革命》中〈亞歷山大·勃洛克〉一章，收錄於胡斅譯勃洛
克(Aleksandr Aleksandrovich Blok,1880-1921)的《十二個》❹
一書之內；(2)魯迅曾經重譯過蘇聯文藝政策的論辯；蘇聯文藝政
策的論辯前後有兩次（第1次，1924.5.9-10；第2次，1925.3）
先有藏原惟人的日譯(1927)，魯迅又據日譯重譯(1930)❹；(三)日
本早稻田大學教授岡澤秀虎的力作〈蘇俄十年間的文學論研究〉，
是當時介紹波格丹洛夫理論最為詳細的入門讀物，經陳望道（原
名陳參一，1890-1977，該書譯文以筆名陳雪帆發表）翻譯，
1929年月起在《小說月報》連載❹，文中對蘇聯文藝政策的論辯
也有很清楚的交代。

(二)波格丹諾夫著作的譯介

關於二、三十年代左翼文藝理論的譯介，目前有蘆田肇
(ASHIDA Hajime, 1942-　)所編的書目，至便參考(《中國左翼

文藝理論翻譯‧引用文獻目錄，1928-1933》❹）。有關譯介波格丹諾夫著作的情況，在單行本方面已知有5種，都出現於20年代後期，分別是：施存統（1899-1948）譯《經濟學大綱》（1927年)❹、周佛海(1897-1948)譯《經濟科學概論》（1927年）❹、薩孟武(1897-1984)譯《社會主義社會學》（1929年）❹、蘇汶譯(戴克崇，1906-64)《新藝術論》（1929年）❹、陳望道（陳參一、施存統譯）《社會意識學大綱》（1929年）❹。至於單篇論文則有劉穆(劉燧天，即劉思穆，1904-1985)〈詩的唯物解釋〉（此文即蘇汶所譯的〈無產階級的詩歌〉）❹。白嗣宏據蘇汶所譯篇文章加以潤飾，收進《無產階級文化派資料選編》，參考稱便。

　　㈢魯迅對波格丹諾夫的推介

　　魯迅兩篇提到波格丹洛夫的雜文，都是在1930年寫的，分別見於〈「浮士德與城」後記〉（《集外集拾遺》❺）及〈「硬譯」與「文學的階級性」〉（《二心集》❺），其中後者有略加交代的必要：梁實秋（梁治華，1903-87)以左翼文學書籍的譯筆生澀難懂，魯迅於是指出波格丹洛夫和托洛斯基一些著作都有英譯，不必一定要看中譯本。在這兩篇文章中，雖然波、托並舉，但魯迅後來還是加入左聯，支持無產階級文學，並成為領袖。雖然波格丹諾夫的影響是那麼大，但是研究馬克思主義文藝對魯迅的影響的學者們，都似乎忘記了他的存在，舉例而言，《魯迅論外國文學》(福建師範大學中文系編選，1982.6)❺就沒有把他當作文學家。

　　2.魯迅對辯証唯物主義的重視

　　魯迅曾於1928年2月1日購入日譯本的《歷史和階級意識》❺，不過他對階級意識似乎要很久之後才能了解。魯迅當時未能分辨

意識和意識形態，曾有「(人力)車夫的本階級意識形態」(〈路〉．4)❸一語，這也可測度魯迅的馬克思主義理論水平，結果福本主義者自然沒放棄給魯迅以糾正的機會（李初梨：〈自然生長性與目的意識性〉，1928.9❸）。福本主義的出現，對日本馬克思主義運動有著極其深遠的影響，其中之一是糾正河上肇的錯誤，並以辯証唯物主義指導革命。河上肇(KAWAGAMA Hajime, 1879-1946)是京都大學經濟學教授，以研究馬克思主義知名。根據馬克思主義原理，把辯證唯物主義應用於研究社會生活，就是歷史唯物主義，辯證唯物主義和歷史唯物主義結合在一起，組成無產階級的世界觀和方法論，組成馬克思主義哲學❸，但是河上肇卻強調哲學上的唯物主義和唯物史觀是兩回事。創造社的福本主義者是結合波格丹諾夫的馬赫主義、盧卡契的主客體辯証法和列寧黨組織論中把社會意識注入工人運動的方法，形成「思維與存在同一」的方法論，波格丹諾夫式的馬赫主義文藝學特徵是「藝術組織生活論」，這種理論成為創造社文藝理論的特色之一。波、盧、列的理論，都以知識階級為革命的主體，知識階級與大眾形成辯証的關係，知識階級對大眾負起啓蒙責任，而不是向大眾學習，至於知識階級的大眾化，是以克服物化，恢復無產階級意識的盧卡契的方法論為前提。魯迅是於1928年才因為與創造社論戰的關係，開始留心辯証唯物主義的，他初時曾經表示無產階級文學「是否以唯物史觀為根據，則因為我是外行，不得而知」(《三閑集・文壇的掌故》❸，1928.8)，到1930年，則認為：「非研究唯物的文學史和文藝理論不可」（《譯文序跋集・〈毀滅〉第二部一至三章譯後附記》❸），1933年甚至推薦徐懋庸(徐茂榮，1910-77)看永田廣志(NGATA Hiroshi, 1904-47)的《唯物辯証法講話》（1933.11)和《史的唯物論》(蘇聯共產主義學院哲學研

究所編，1933年日譯），又勸徐懋庸不要看「亂罵唯物論之類」的書❺❾。由於1928年，拉普已開始提出「辯証唯物主義的創作方法」❻⓪，左聯全面採納了拉普的主張，所以波格丹諾夫和盧卡契的理論，已混爲一體。

3. 魯迅對職業革命家的黨的重視

創造社的福本主義者提出無產階級文學理論之時，還沒入黨，後來在中共的引導下，紛紛加入成爲黨員❻❶，這是衆所周知的事實。我認爲這其中有一個關鍵，就是福本主義本來就強調黨的重要性。魯迅對中國共產黨的關注，是在加入左聯之後。魯迅與中共的關係，亦可謂耳熟能詳，所以請容許我不再在此引述。

七、結　論

與魯迅晚年關係密切的胡風（張光人，1902-85），就曾經是一個福本主義者，他在1932年9月以日語寫了〈中國無產階級文學運動的發展〉一文，向日本讀者介紹中國的情況，其中仍然認爲魯迅是人道主義者，不是共產主義者；認爲魯迅是一個人道主義者，是中國福本主義者的一個觀點❻❷。說胡風是福本主義者，當然還有其他証據，現在大抵不方便扯得太遠，希望有機會再作交代。由於福本主義者重視黨紀，魯迅似乎就是在執行中共統一戰線的福本主義者爭取之下，放棄托洛斯基主義，改而主張建設無產階級文化。

（我在1983-1984年得到日本學術振興會基金的資助，到京都大學研究日本對現代中國文學的影響，這是研究成果之一，謹在此向該基金會表示十二萬分的謝意。）

【注釋】

❶王野：〈「革命文學」論爭與福本和夫〉，《中國現代文學研究叢刊》1983
年 1 期，1983年 3 月，頁330。

❷有關山川均生平思想，主要是參考高畠通敏(TAKABATA Michitoshi,1933-)
編《山川均集》（東京：筑摩書房，1976）一書後附的解題。

❸～❽《怎麼辦》（《列寧全集》，中共中央馬克思恩格斯列寧斯大林著作編
譯局編譯，北京：人民出版社，1963年，3 版），卷 5，頁421-422，435；
441；336；440-441；394，436；391。

❾參㈠栗原幸夫(KURIHARA Yukio, 1927-)：《プロレタリア文學とその時
代》（《無產階級文學及其時代》，東京：平凡社，1971)，頁28-40；㈡岩
崎允胤(IWASAKI Chikatsugu, 1921-)：《日本マルクス主義哲學序說》
（《日本馬克思主義哲學導論》，東京：未來社，6版，1984)，頁64-66。
㈢絲屋壽雄(ITOYA Toshio, 1908-)：《日本社會主義思想運動史》(東
京：法政大學出版局，1980)，卷 5，頁121-122。

❿有關福本和夫生平和福本主義，我參考了下列各種著作，㈠渡部徹
(WATANABE TOORU, 1918-)：〈福本主義〉，《日本近現代史辭典》(日本
近代史辭典編集委員會編，東京：東洋經濟新報社，1978)，頁54；㈡〈福
本和夫〉（執筆者未有署名），《日本社會運動人名辭典》（鹽田莊兵衛
[SHIOTA Shōbee, 1921-]主編，東京：青木書店，1979）），頁481-482；
㈢石見尚(IWAMI Takashi, 1915-)，〈福本和夫〉，《現代マルクス=レ
ーニン主義事典》（《現代馬克思列寧主義辭典》，岡崎次郎主編，東京：
社會思想社，1981)，下冊，頁1748-1751；其中以第㈢項最爲詳細；㈣大
島清(OOSHIMA Kiyoshi, 1913-)：〈山川イズムと福本イズム〉（〈山川
主義與福本主義〉），同上，頁2145-2147，這一辭條有非常扼要的介紹。

⓫⓬參池田浩士（IKEDA Hiroshi, 1940- ）編《論爭·歷史と階級意識》
（《論爭·歷史和階級意識》，東京：河出書房新社，1977)，頁33，池

田是研究盧卡契的專家，此書網羅包括日本在內的、有關《歷史和階級意識》所引起的論爭文獻。

❸參立花隆(TACHIBANA Takashi, 1940-　)《日本共產黨の研究》（《日本共產黨的研究》，東京：講談社，1983）冊1，頁102-148。此書在日本學術界頗有好評，於福本旋風的描寫，能撝拾同時代人的回憶，文筆也比較風趣。

❹參㈠絲屋壽雄《日本社會主義思想運動史》，卷2，頁134-142；㈡立花隆：《日本共產黨的研究》。

❺參㈠北條一雄(福本和夫筆名)：〈歐洲に於ける無產者階級政黨組織問題の歷史的發展(3)──其の方法論的考察──〉（〈歐洲無產階級政黨組織問題的歷史發展(3)──有關方法論的研究〉），《マルクス主義》（《馬克思主義》，東京、法政大學大原社會問題研究所重印本，1972)，14號，1925年6月，頁 103-104 ；㈡《福本和夫著作集》（東京：いぶし書房，1972)，卷3，頁 116-117，福本晚年編輯著作集時，曾刪舊作，所以有關福本的言論，應儘可能核對最初刊登的板本；㈢池田浩士，頁298，這本書的注很有參考價值。

❻山田清三郎（YAMADA Seizaburō, 1896-1987)：《プロレタリア文學史》（東京：理論社，1975），下冊，頁95-126。

❼Soviet Literary Theory, 1917-1934: The Genesis of Socialist Realism (Berkeley: California UP，1963).

❽張秋華、彭克巽、雷光編選：北京：中國社會科學出版社，1981。

❾北京：中國社會科學出版社，1983。

❿參㈠齋藤敏康(SATŌ Toshiyashi, 1950-　)著、劉平譯：〈福本主義對李初梨的影響──創造社「革命文學」理論的發展〉，《中國現代文學研究叢刊》1988年3期，1983年9月，頁339-360，齋藤氏此文中譯之後，對中國學者影響極大，不過，齋藤氏此文最大的缺點，是忽略了對波格丹諾夫

的無產階級文化理論如何與創造社的福本主義結合的分析；㈡艾曉明：
〈後期創造社與日本福本主義〉，《中國現代文學研究叢刊》1988年3期，
1988年8月，頁138-161，這篇論文所代表的，是典型的以魯迅爲文學發展
史中心的史觀，這種史觀對研究20年代的左翼文學運動是會造成妨礙的；
創造社的福本主義有中國的特點，與日本的福本主義發展並不完全一樣，
艾氏的論文可說完全沒有提及。

❷〈對於所謂「小資產階級革命文學」底抬頭，普羅列塔利亞文學應該怎樣
防禦自己？——文學運動底新階段〉，《創造社資料》（饒鴻競等編，福
州：福建人民出版社，1985），上冊，頁261；原刊《創造月刊》2卷6期。

❷收入《「革命文學」論爭資料選編》（中國社會科學院文學研究所現代文
學研究室編，北京：人民文學出版社，1981），上冊，頁169，原刊《文化
批判》2號。

❷關於《宣言一篇》的論爭，可以參考：㈠栗原幸夫：《無產階級文學及其
時代》，頁8-14；㈡臼井吉見（USUI Yoshimi, 1904-87）：《近代文學論
爭》(東京：筑摩書房，5版，1981)，上冊，頁165-173；㈢平野謙(HIRANO
Ken, 1907-78）等編，《現代日本文學論爭史》（東京：平凡社，11版，
1969），此書收有這次論爭的原始文獻。

❷《魯迅世界》（韓貞全等譯，濟南：山東人民出版社，1983），頁159。

❷～❷《現代日本文學論爭史》，頁32-36, 24, 279-281。

❷列寧：《怎麼辦》，頁343。

❷《魯迅全集》（北京：人民文學出版社，1981），卷3，頁422。

❸《二心集》，同上，卷4，頁288。

❸比較早期研究托洛斯基對魯迅的影響論文有：㈠陳勝長：〈魯迅·托洛斯
基·革命的「同路人」〉，《聯合書院學報》11期，1973年9月，頁43-56；
㈡一丁（樓子春，1906-1995）：〈魯迅與托洛斯基〉，《魯迅：其人其事
及其時代》（巴黎：巴黎第七大學東亞出版中心，1978），頁283-289。

❸❷㈠丸山昇：〈魯迅における革命の意味〉（〈魯迅對革命的看法〉），《文學》32卷號，1964年12月，頁75-83；㈡中井政喜(NAKAI Masaki,1946-)：〈初期文學‧思想活動から1920年に至る魯迅の民衆觀について〉（〈從初期文學和思想活動看1920年左右的魯迅的民衆觀〉），《（大分大學）經濟論集》32卷4號，1980年12月，頁74-98。

❸❸《中國文學研究》1號，1961年4月，頁1-27。

❸❹《魯迅全集‧集外集拾遺補編》，卷8，頁161-162。

❸❺《魯迅全集‧三閑集》，卷4，頁4。

❸❻《「革命文學」論爭資料選編》，頁301-305。

❸❼〈創造社後期的革命活動〉，《創造社資料》，下冊，頁873-874。

❸❽《文學與革命》(劉文飛、王景生、季耶等譯，北京：外文出版社，1992)，第6章，〈無產階級文化與無產階級藝術〉，頁172-174。

❸❾北京：北新書局，頁1-17。

❹⓪陳勝長，頁45。

❹❶《魯迅全集》，卷17。

❹❷《小說月報》20卷3，5，6，8，9號及21卷8號，1929年3月，頁497-508，851-856，995-1006，1831-1834，1473-1479，1205-1127。

❹❸《中國左翼文藝理論における翻譯‧引用文獻目錄，1928-1933》(東京：東京大學東洋文化研究所附屬東洋文獻中心，1978)。另一方面，也參考了《中國近代叢書目錄索引》(上海：上海圖書館編，該館自印本，1882)。

❹❹漢口：新青年社，1927。

❹❺上海：商務印書館，1927。

❹❻上海：生命書店，1929。

❹❼上海：水沫書店，1929。

❹❽上海：大江書舖，1929。

❹❾《小說月報》20卷4號，1929年4月，頁629-638。

(50)(51)《魯迅全集》，卷 7，頁351；卷 4，頁201。

(52)北京：外國文學出版社。

(53)(一)中島長文(NAKAJIMA Osafumi, 1938-)：《魯迅目睹書目——日本書之部》(自印本，1986)，頁11；(二)《魯迅日記》，《魯迅全集》，卷14，頁700。活仁案：《魯迅全集》沒有注明這本書是盧卡契的《歷史和階級意識》。

(54)(55)《「革命文學」論爭資料選編》，上冊，頁345；下冊，頁640。

(56)《辭海(1979版)》(辭海編輯委員會編，上海：上海辭書出版社，1979)，冊 3，頁4545。

(57)～(59)《魯迅全集》，卷 4，頁122； 卷10，頁337； 卷12，頁304。

(60)張大明：〈「辯証唯物主義的創作方法」在中國〉,《三十年代文學札記》（天津：天津人民出版社，1986），頁266-279。

(61)陽翰笙（歐陽本義，1902-93）〈中國左翼作家聯盟成立的經過〉,《左聯回憶錄》（北京：中國社會科學出版社，1982），頁61。

(62)近藤龍哉(KONDO Tatsuya, 1946-)：〈胡風研究ノート(1)——その理論形成期についての傳記的考察〉（〈胡風研究札記——有關早期的經歷及其理論〉），《東洋文化研究所紀要》75冊，1978年 3 月，頁375。

胡風的「主觀戰鬥精神」

一、中國當代文學史上的胡風事件

1942年毛澤東(1893-1976)發表了〈在延安文藝座談會上的講話〉，中共的文藝政策開始確立，有了文藝政策頒布之後，隨即展開整風運動，王實味（王詩薇，1900-47）、蕭軍（劉鴻霖，1907-89)和丁玲（蔣偉，1904-1986)因揭露延安黑暗面，違反描寫光明的黨性原則，首先遭受批判。延安這種整風運動，在中共建國(1949)之後從未間斷，在文革後，這些大批判運動都已全部平反。在中共建國之後，最早進行的大批判運動，是所謂「胡風反革命集團」事件，毛澤東在這次運動之中親自作了部署，事件終於在毛澤東死後得到平反(1980.9)。胡風和毛澤東的文藝思想都源自蘇聯馬克思主義，特別是無產階級文化，但無產階級文化的理論在不同的階段有不同的看法，這種分歧，終於令胡風與毛澤東的文藝政策產生磨擦，釀成悲劇。

二、福本主義的影響

胡風（張光人，1902-85)出身貧苦，11歲才進鄉村學校，稍後(1920)到武昌中學繼續學業，1923年（約21歲）進南京東南大學附中，其間受到了革命思想的影響，曾積極參加五卅學生運動(1925)，1926年進清華大學英文系，數月後退學❶。1929年秋到東京留學，據胡風的自傳說，那時他雖然在慶應大學（英文科，

1931.4-1933)就讀，但在接觸到無產階級文藝理論之後，精力全放在左翼的政治和文學運動，求學反成爲次要的目的❷。胡風當時參加了日本反戰同盟、日本共產黨和「普羅科學研究所」（1929.9-1936）等組織，又結交了江口澳（EGUCHI Kiyoshi, 1887-1975)和小林多喜二(KOBAYASHI Takiji, 1903-33)等著名左翼作家。

1.盧卡契《歷史和階級意識》的影響

胡風留學日本時期(1929-33)，福本和夫(FUKUMOTO Kazuo, 1894-1983）已經離開日共組織。福本主義是在1924-27年間風靡日本的，1927年被第三國際批判之後，福本其人在日本被捕（1928，下獄凡14年），在日共的政治領導地位終於結束，可是，福本主義在日本的馬克思主義思想史而言，卻有著非常重要的意義，因爲福本主義給日本引進盧卡契(György Lukács, 1885-1971)的思想方法。據盧卡契研究者池田浩士(IKEDA Hiroshi, 1940-　)的分析，福本主義無疑深受《歷史和階級意識》一書的影響，特別是關於階級意識、總體性的觀念❸。福本主義的其他特徵還有：(1)以「分離結合」爲前提的黨組織論；(2)反對「到大衆去」的政治學方法；(3)提倡組織以職業革命家爲核心的黨以領導革命；(4)強調理論鬥爭，同時又主張理論與實踐結合；(5)認爲資本主義已急劇沒落；(6)以上的理論，是有機的關係，如池田氏所指出的那樣，福本和夫從總體性作考察，把馬克思主義理論發展，放在整個革命運動歷史過程來研究分析（同❸）。作爲一種政治學理論，福本主義是自成體系的，在日本馬克思主義而言，也有劃時代的意義❹。

(一)「現實」與「現象」的現實主義理論
——與「第三種人」的論戰以及盧卡契思想方法的引進

　　胡風當時的文藝思想，可說深受盧卡契《歷史和階級意識》
一書的影響。1922年12月至1933年初，胡風參加了「第三種人的
論戰」(1931年底年初，集中在1932年底)。「第三種人的論戰」
是因為1931年10月底，斯大林(Iosif V. Stalin , 1879-1953)
發表了〈論布爾什維主義歷史中的幾個問題〉，批評了社會科學
中的反列寧主義的傾向，於是蘇聯文史哲各領域展開了對普列漢
諾夫(Georgiǐ V. Plekhanov, 1856-1918)、弗理契(Valdmir M.
Friche, 1870-1929)、德波林(Abram M. Deborin, 1881-1963)、
布哈林(Ivanovich N. Bukharin, 1888-1938)、波格丹洛
夫(Aleksandr A. Bagdanov, 1873-1928)的批判，藏原惟人
(KURAHARA Korehito, 1902-91)因此在同年11月寫了〈藝術理
論中的列寧主義鬥爭〉，魯迅(周樟壽，1881-1936)也曾馬上譯
介這個突發性的大事(1932.11發表)。這場論爭，在中國實際上
演變成波格丹諾夫主義結合盧卡契總體性和無產階級意識理論，
對普列漢諾夫和托洛斯基主義的鬥爭。在〈粉飾，歪曲，鐵一
般的事實〉(1933.1)、〈現階段上的文藝批評之幾個緊要問題〉
(1933.1)、〈關於現實與現象的問題及其他〉(1933.10)等一系
刊文章❺，胡風無疑是援引《歷史和階級意識》一書第一章〈什
麼是正統的馬克思主義〉的方法。

　　(1)盧卡契關於歷史過程的論述

　　在〈什麼是正統的馬克思主義〉一文，盧卡契引伸了黑格爾
(Friedrich Hegel, 1770-1831)本質（現實）與現象的範疇，認
為：(1)只有把孤立的社會現象從歷史過程和作總體性的考察，才
能認識現實❻；(2)黑格爾和馬克思的分別是黑格爾「不能認識歷
史的眞正動力」❼，馬克思把感性世界、客體、和現實都理解爲
人的感性活動，認爲人才是社會過程和歷史過程的主體和客體；

馬克思主義是無產階級革命的理論,透過革命的實踐,無產階級成爲歷史過程的主體和客體,理論和實踐得到統一,所以對現實的理解和改造,不是兩個分割開來的過程❽。

(2)胡風的現實主義方法

　　胡風當時的現實主義方法,完全是盧卡契理論,而且應用於文藝批評。在〈粉飾,歪曲,鐵一般的事實〉一文,胡風對12篇小說作了批評,現在就以評論杜衡(戴克崇,另一常用筆名是蘇汶,1907-64)的《懷鄉病》作一說明。《懷鄉病》的主角是一個世襲的船夫,他最大的希望是努力工作,爲兒子買一條船,可是自從汽車這種機械文明侵入農村之後,農民都不再坐船,船夫的希望落空了,他把不得不把兒子送到城裏學做水泥匠,而自己也做了土匪。胡風的評論是認爲作者把機械與農村生活的衝突的這種「現象」所引起的悲劇,歸因「抽象的機械」文明,不明白這是資本主義化對農村的影響,不明白這是資本主義化和原有的封建剝削結合所造成的悲劇❾。在〈五・四時代底一面影〉(1935.4)一文,胡風把是否結合總體性的考察作爲現實主義的方法,例如批評胡適(胡洪騂,1891-1962)的「多談問題少談主義」到「好人政府」,是「只抓著現象問題而不能了解它在全體上的意義」❿。

2.福本主義的影響

　　第3期創造社(1928-30)是以福本主義爲基礎展開革命文學活動的。第3期創造社代表人物包括成仿吾(成灝,1897-1984)、李初梨(李楚離,1900-94)、彭康(彭堅,1901-68)、馮乃超(1901-83)等,在文藝理論方面,中國的福本主義者是以波格丹諾夫無產階級文化結合起來,形成1928年以後的中國革命文學理論,這些革命文學理論,對胡風也有一定的影響。

(一)方向轉換的年代(1927-1929)

中國的福本主義者認為：1927年是「方向轉換」之年，所謂方向轉換是指從經濟鬥爭轉移至政治鬥爭。1927年4月12日國民黨清黨，共黨遭受挫折，8月1日，周恩來（1898-1976）、朱德(1886-1976)、賀龍（1886-1969）、葉挺(1896-1946)、劉伯承(1892-1986)等在南昌發動「武裝鬥爭」。8月7日（「八七會議」），中共在第三國際的協助下，由瞿秋白（瞿懋淼，1899-1935)主持緊急會議，解除了陳獨秀（陳慶同，1879-1942)的黨中央職務，決定在湘、鄂、贛、粵4省舉行「秋收起義」，並派遣毛澤東回湖南擔當領導工作，毛澤東在8月開始部署，9月9日開始軍事行動，提出「打倒國民政府」、「農民奪取政權」等口號，一度攻佔瀏陽、醴陵縣城。中國共產黨在這次事件首次建立自己的軍隊，同年10月，毛澤東帶領一支由工農組成的紅軍到井崗山，建立第一個革命根據地。與此同時，共黨在各地也組織農民暴動。同年12月間，又有葉劍英(1896-1986)等領導的「廣州起義」，曾經成立「蘇維埃廣州公社」。上述由1927年8月1日以來的武裝鬥爭，到10月毛澤東在井崗山建立根據地的革命運動，依李初梨的分析，是武裝鬥爭帶動「方向轉換」（〈請看我們中國的Don Quixote的亂舞——答魯迅「『醉眼』中的矇矓」〉，1928.4)❶。認為資本主義急劇衰落，是福本主義特徵之一，福本主義在中國是在1928年開始流行的。1929年10月24日，紐約股市暴跌，引起連鎖反應，形成經濟衰退(1929-33)，這一歷史性事件，在以歷史過程和總體性觀察問題的中國福本主義者而言，當然有著特殊意義。1935年5月執筆的〈張天翼論〉，胡風正是從這個世界性經濟恐慌為前題，認為這種「本質」上的變化，使張天翼(1906-1985)作品在1928至1931年間有了飛躍的進展❷。

在〈文學修業底一個形態〉（1936.），胡風把轉變期改訂在1929年前後⓭，原因就是如此。

㈡把魯迅定性爲人道主義者

1933年1月，胡風以日文發表了〈中國的普羅文學運動的發展〉（《普羅文學講座》，日文，1933.1），向日本介紹中國革命文學論戰情況，這篇文章最特別的是把魯迅視爲人道主義者⓮；胡風對魯迅這種評價，無疑是因爲魯迅當時傾向有島武郎（ARISHIMA Takeo, 1878-1923）〈宣言一篇〉的觀點。〈宣言一篇〉的論點是說將來一定會出現第4階級的文學，但知識階級不能寫出第4階級的文學，福本主義者就此對有島武郎加以批判，說明社會意識是由知識階級所製造的，又因爲有島武郎還算同情第4階級，所以被稱爲人道主義者。中國福本主義者最早把魯迅定性爲人道主義者的是馮乃超（〈人道主義者怎樣地防禦自己？〉，1928.）⓯，胡風無疑是追隨馮乃超的觀點。

3.小結

盧卡契〈什麼是正統的馬克思主義〉一文，實在是了解胡風一生所提倡的現實主義的鑰匙，胡風的現實主義，實際上不過是盧卡契的辯證法，胡風第9本論文集《論現實主義的路》（1948.9)就主觀與客觀對黑格爾的批判，以及發表舒蕪(方管，1922-)的〈論文觀〉（1945)⓰也是其中一個延續。

三、拉普解散所帶來的影響

福本主義在中國流行之時（1928），蘇聯的無產階級作家團體拉普正在支配世界左翼文藝理論，日本的納普（日本無產階級作家同盟，簡稱NALP, 1929.2-.2)和中國的左聯(1930-1936年初）都接受拉普指導，所以中國福本主義文藝理論，也揉合了拉普

的理論。有關20年代蘇聯的文藝理論研究，目前以葉莫爾拉耶夫
(Herman Emoelave)《蘇聯的社會主義現實主義》(1963)❼一書
最負盛名，此書於年譯介到中國之後（收入《「拉普」資料匯編》
上，1981.9)❽，大大提高了中國現代文學研究者對20年代馬克
思主義文藝流派的認識。中共的文學史家一直以來都以無產階級
文化等同馬克思主義，以無產階級文學等同馬克思主義文學，這
種文學史觀與1932年4月前的蘇聯文藝現象近似。列寧(Vladimir
I. Lenin，1870-1924)對無產階級文化基本上持否定的態度，他
認爲不必要爲文化水準極低的無產階級另造一種文化。曾是列寧
左右手的托洛斯基(Lev D. Trotskiǐ, 1879-1940)又認爲一種文
化的形成要成百年以上的時間，無產階級專政的過渡期不會很長，
所以不必要也不可能在短期內創造一種文化，因此也否定了無產
階級文化的理論。列寧去世(1924.1)後，無產階級作家仍然不斷
要求蘇共承認他們的領導地位，蘇共因此先後召開兩次文藝政策
論辯會議，第1次是在1924年5月召開的，主席雅科夫列夫(Ivan
Y. Yakovlev, 1848-1930)謹守列寧的立場；在決議中聲明任何
文學流派和團體，都不能站出來代表黨。第2次的討論是在1925
年3月，斯大林爲了鬥倒托洛斯基，忽然支持蘇共中的無產階級
文化派，使蘇共正式承認無產階級作家。無產階級作家團體在20
年代的重要發展，是在1924年4-5月成立了拉普（俄羅斯無產階
級聯合會，RAPP，1924-32.4)。1928-32年，拉普及其領導人成
功地控制其他作家團體，並透過第三國際對國際無產階級組織加
以遙控。

1. 辯證唯物主義的創作方法

波格丹諾夫本來就強調辯證法，到了1928年5月，拉普領袖
阿維爾巴赫(L. L. Averbakh, 1903-39)提出「辯證唯物主義的

創作方法」的口號，取代了現實主義。當時中國的左聯也把辯證唯物主義的創作方法當作綱領⓳。辯證唯物主義的創作方法介紹到日本幾個月之後，在蘇聯就被批判了，這當然是很尷尬的事情。作為文學理論，辯證唯物主義的創作方法當然是不正確，但年中國左聯對這一口號的批判，也不見得是認眞的，因爲辯證唯物主義的創作方法的原則，仍然是黨對作家的要求。辯證唯物主義的創作方法要求：(1)先掌握辯證唯物主義才能成爲作家；(2)作家的從屬於黨的政治路線，即所謂黨性；以上兩種條件，不見得因辯證唯物主義的創作方法受到批判就取消。辯證唯物主義的創作方法的罪名是取代了現實主義，這點在胡風而言是尤其可笑的，因爲他的現實主義就是盧卡契辯證法。伴隨辯證唯物主義的創作方法提升爲口號「撕下一切假面具」，要求作家揭現實的本質，這一點與盧卡契（〈什麼是正統的馬克思主義〉一文）於現實與現象的討論，也是極其相似的⓴。

2.黨的文學的主張

　　波格丹諾夫提出「藝術無目的性」的主張，以擺脫蘇共的束縛㉑，但是波氏以後的無產階級作家如列列維奇(L. G. Lelevich, 1901-45)卻正反過來爭取蘇共對無產階級文化派的支持(〈黨在藝術方面的政策〉，1922)，於是引用普列漢諾夫「一切政權對藝術都持功利主義」之論，認爲蘇共應該承認意識形態與黨相符的無產階級文化的絕對地位㉒。到了1928年，拉普接受蘇共指揮，負責執行蘇共的政策。據栗原幸夫(KULIHARA Yukio, 1927-　)《無產階級文學及其時代》對日本左翼文學運動的看法是：在1928年以後，繼福本和夫之後領導日本左翼政治和文學思想的是藏原惟人，藏原惟人當時的文藝思想大都是從拉普引進過來的，在〈納普藝術家的新任務──共產主義藝術的確立〉

(1930.4)一文，藏原惟人開始提出黨的文學的主張，稍後發表的〈藝術方法隨想〉(1931.-10)一文，又就「主題積極性」(寫什麼題材，又如何去寫)作了進一步的說明，其中原因是當時蘇共把列寧〈黨的組織和黨的出版物〉理解爲〈黨的組織和黨的文學〉㉓，因而認爲列寧也有「黨的文學」的想法，這個想法與拉普當時藝術從屬於政治原則是一致的。1933年1月，胡風又發表了〈現階段的戰爭的文藝批評的二三個重要的問題〉一文，也強調文學從屬於政治，認爲政治任務和藝術任務完全可以用辯證法加以統一，又就主題積極性作了引述，從日本回國後，又寫了〈關於「主題積極性及與之相關的問題」〉（1934.5），再作補充㉔。

3. 拉普的解散與兩個口號的論爭

1932年4月，拉普被解散，辯證唯物主義的創作方法遭到批判，社會主義現實主義的口號也在1932年提出，用以代替無產階級現實主義。社會主義現實主義的提出，是爲配合斯大林經歷土改運動(1928-32)的政治觀點，斯大林在稍後(1936)頒佈的憲法中認爲「社會主義已經建成」，蘇聯再沒有階級鬥爭，無產階級專政的過渡期已經結束，所以也就不需要無產階級文藝，蘇聯今後要建構的是社會主義現實主義。可是，日本的納普和中國的左聯，都是參照拉普的組織和理論而成立的，拉普的解散，對當時尚在革命途中的日本和中國左翼文藝運動，無可避免地出現理論上的矛盾。正如拉普作家不贊同蘇共解散無產階級作家組織的政策一樣，中國的作家也大都不願追隨蘇共的路線而繼續主張無產階級文學，衆所周知，到1953年爲止，毛澤東的文藝政策仍然是無產階級現實主義。拉普的解散，因此形成左聯內部的矛盾。1933年春，胡風因組織留學生成立左翼抗日文化團體被捕，7月初驅逐

回國。胡風這時的文藝觀點,跟正在主持左聯的周揚(周起應,1908-89)並不一致。周揚當時有意識地追隨斯大林的路線,1933年11月,周揚在發表了長文(〈關於「社會主義現實主義與革命浪漫主義」──「唯物辯證法的創作方法」的否定〉,《現代》卷期),報導了蘇聯的新動向,內容主要有幾點:(1)是認爲世界觀與創作方法並不等同;(2)是肯定藝術用形象思維,並爲形象思維恢復名譽;(3)再者,又把革命浪漫主義納入社會主義現實主義的文藝政策之中,重新肯定❷。這篇文章在文革之中再度受到批判,是因爲文革重新強調類似拉普的路線。

(一)文革後於兩個號論爭的解釋

　　當時第三國際和中共的政策,都因爲客觀形勢而起了變化,以至中共忽然暫時放棄無產階級文化的階級觀點,接納類似社會主義現實主義的立場。據文革後官方的解釋是這樣的:1935年七八月間(7.25-8.20),第三國際在莫斯科召開第次代表大會,季米特洛夫(Georgiǐ M. Dimitrov, 1882-1949)在會上號召組織起來反法西斯,提議集中力量,在一國之內及在國際上組織統一戰線。中共駐莫斯科的代表王明(陳紹禹,1904-74)也在會上發言,表示支持,又命令他的部下蕭三(蕭子暲,1896-1983)寫信回國,說明統一戰線的重要;蕭三在1935年8月寫了一封信,傳達王明的指示,結果導致左聯的解散❷。與此同時,中共在長征途中剛巧也有了統一戰線的構想。1935年8月1日,中共發表了〈八一宣言〉,號召成立抗日民族統一戰線,要求停止內戰,共禦外侮。1936年6月,周揚結合了王明的發言以及〈八一宣言〉的精神,發表了〈現階段的文學〉一文,首先提出要用國防文學作爲文藝界統一戰線的口號❷。抗日統一戰線的策略應用於文藝的結果,是文藝暫不再提階級的問題。

(二)魯迅、馮雪峰、胡風與民族革命戰爭的大眾文學的口號
　　——「兩個口號」論爭之二

　　1936年4月，中共的特使馮雪峰（馮福春，1903-76)在長征途中離開瓦窯堡，到上海傳達政策；馮雪峰與周揚的關係不大好，所以到上海後沒有馬上找周揚，而與魯迅胡風等商議，在國防文學之外，另立「民族革命戰爭的大眾文學」的口號；在魯迅的同意下，胡風發表了〈文學修業底一個基本形態〉(1936.5)一文，首次公開了這個口號，終於引起了所謂兩個口號的論爭❷。這個論爭，在文革中成為批評周揚的主要罪證之一。大眾文學是有明確階級觀點的，與第三國際和中共組織統一戰線的精神並不一致。1934年7月，穆木天（穆敬熙，1900-71)在上海遭國民黨政府逮捕，9月25日《大晚報》刊出穆木天等人脫離左聯的聲明。穆木天在轉向獲釋之後，跟其他左翼作家說胡風是國民黨的特務，左翼作家內部不禁對胡風起了戒心，唯獨魯迅以此事出於轉向者之言，不肯相信。1936年8月，魯迅終於發表了題為〈答徐懋庸並關於抗日統一戰線問題〉的公開信，把左翼作家內部矛盾公之於世❷。

(三)文革期間於「兩個口號」論爭的評論

　　「民族革命戰爭的大眾文學」這一口號，就性質而論，與毛澤東在1942年所制訂的文藝政策是一脈相承的。對於兩個口號的論爭，毛澤東一直沒有固定的看法，據吳黎平（吳亮平，1908-86)的回憶，在1937年，毛澤東曾表示國防文學更為適合當時的形勢，那段談話還紀錄在當時出版的一本書裏面❸。毛澤東這種想法，與八一宣言的精神是一致的，可是，在1943年10月底蕭三直接向毛澤東匯報左聯解散始末之時，毛澤東又認為解散左聯跟解散共產黨差不多❸。到了文革期間，國防文學忽然進一步成了

反革命的罪行：1967年5月，在毛澤東審閱下發表了〈在林彪同志委託江青同志召開的部隊文藝座談會紀錄〉（《紅旗》，1967.）一文，指責國防文學是王明、劉少奇(1898-1968)一伙叛徒的資產階級口號，是投降主義路線❸。

4. **典型問題的論爭，1935-36**

1932年4月，與拉普的解散的同時，蘇共發表了恩格斯（Friedrich Engels, 1820-1985）寫給英國女作家哈克奈斯（M. Harkness， 生卒不詳）的信，信的內容有兩個要點：(1)現實主義應該塑造「典型環境中的典型人物」；(2)巴爾札克（Honoré de Balzac, 1799-1850)政治思想反動，但能違反自己的階級，寫出偉大的現實主義作品❸。自此以後，蘇聯和中國都就典型人物作了長期的探索，並多次引起論爭。異型人物應該是個性和共性（普遍性）的辯證統一，中蘇兩國都花了不少時間在共性的問題上，由於自拉普以來就強調文藝的階級性，所以後來的典型論爭，大都集中在於共性是否相當於階級性的問題上，李希凡(李錫範，1927-)和何其芳（何永芳，1912-77）的長期論爭就是如此(1956-79)。文革後，中共透過對青年馬克思的認識，不再否定共同人性的存在，所以共性不能相當於階級性，已續漸演變爲約定俗成的看法。胡風提倡的「民族革命戰爭的大衆文學」中的所謂「大衆文學」，是相當於無產階級文學。在〈現實主義底一「修正」〉(1936.2)一文，胡風強調把典型的共性等同永恒的人性或者是國民性都是錯的❸，現在看來，胡風的觀點與李希凡較爲接近。巴人（王運鎧，字任叔，1901-72)認爲這次典型論爭反映了兩個口號論爭的觀點，胡風當時是以階級觀點出發，周揚當時則是以民族觀點出發（《文學初步》❸）。

5. **小結**

　　拉普對胡風的影響，並未因解散而消失，有幾點是胡風的現實主義所堅持的：(1)是始終沒有放棄無產階級文化；(2)始終沒有放棄無產階級立場；(3)實際上仍然以辯證唯物主義代替現實主義。這幾點也是中國左翼文藝思想所共有的，如所周知，十年文革是無產階級文化及拉普理論的具體實踐。唯一的是胡風此後不再強調黨性，原因是他對辯證唯物主義的解釋，與中共中央出現矛盾。

四、民族形式的論爭，1938-1941
──與毛澤東文藝政策對立的第 1 階段

　　1937年7月12日，抗戰爆發，胡風先後流亡到漢口、重慶、香港和桂林等地。胡風在辯證唯物主義的解釋，逐漸走到與毛澤東思想對立的地步。首先是有關民族形式問題的論爭。民族形式問題論爭開始於1938年，其後由延安伸展到重慶、香港等地，是一個相當大規模的論爭，論爭中取得共識部分後來爲毛澤東的文藝政策所吸收。

1. 民族形式論爭的背景
──大眾文學論爭及辯證法論辯的延續

　　民族形式論爭是一場關於文學大眾化的論爭，是繼左聯於同一問題爭論之後的第2回合的討論，這次的討論有兩個重要的意義：(1)是討論到如何評價以及承繼五四文學遺產；(2)是對辯證法於大眾化過程的應用作了深入的探討。自20年代崗位派以來，無產階級作家一直主張要掌握辯證唯物主義，把辯證法應用到每一方面去，到了1928年，無產階級作家還提出辯證唯物主義的創作方法以代替現實主義。 1932年 4月拉普解散，這一口號被否定，但不等於無產階級作家就因此放棄辯證唯物主義， 正如趙紀彬（趙濟焱，另一筆名是向林冰，1905-82)所說：民族形式論爭正

是哲學上辯證唯物主義論爭「在文藝理論上的直線延長」,「尤其和內容形式問題,本質與現象問題,根據與條件問題,以及知識份子與人民大眾在社會變革上的作用與地位的評介——主導與從屬的史觀問題,有直接而緊密的聯繫」**㊱**。

2.毛澤東有關民族形式的論述

　　民族形式論爭的源起,據郭沫若(郭開貞,1892-1978)說是受蘇共文藝政策的影響的,斯大林對民族形式問題曾作兩次講話。1925年5月18日,斯大林在演講中有「內容是無產階級的, 形式是民族的」的話(〈論東方各民族大學的政治任務〉**㊲**),1930年6月27日所作的〈聯共(布)中共中央委員會向第十六次代表大會的政治報告〉又有「社會主義的內容和民族形式的文化」**㊳**之語;郭沫若又認為:蘇聯的民族形式是說參加蘇聯共和國各個民族對於同一的內容可以自由發揮,發揮為多樣的形式,目的是以內容的普遍性揚棄民族的特殊性。在中國被提起的民族形式,意思卻有不同,相信不外是中國化或大眾化的同義語,目的是要反映民族的特殊性以推進內容的普遍性,云云。(〈「民族形式」商兌〉, 1940.6)**㊴**。1938年10月,毛澤東在黨六中全會作了〈中國共產黨在民族戰爭中的地位〉的報告,其中〈學習〉一節,提出要把「國際主義的內容和民族形式結合起來」,創造為老百姓「喜聞樂見」的「中國作風和中國氣派」**㊵**,這就是說要把馬克思主義中國化。1940年1月,在〈新民主主義論〉又說「中國文化應有自己的形式,這就是民族形式」**㊶**。

3.胡風與延安派理論家於辯證唯物主義理解的分歧

　　1939年初在延安的民族形式討論,涉及舊文學、民間文學,以至五四以來的新文學如何批判地承繼的問題。1940年在重慶文藝界展開討論之時,出現了兩種對立的觀點:(1)是向林冰的看法,

他認為應以民間形式為中心源泉，又否定五四以來的新文學；(2)
是以葛一虹（葛曾濟，1913-）為代表的一派，堅決維護五四新文
學，與前者對立。葛一虹認為新文藝不能普及，是因為老百姓知
識程度低下之故，這就引起普及與提高的問題。趙紀彬當時以筆
名向林冰參與民族形式的論戰，他在〈論「民族形式」的中心源
泉〉(1940.3)一文認為據「存在決定意識」、「內容決定意識」
的政治學上的決定論認為「形式可以被揚棄被改造」；據辯證法：
「新質發生於舊質的胎內，通過了舊質的自己否定過程而成為獨
立的存在。」，因此而推論新文學應以民間文學為中心源泉，再
由民間形式起革命思想，產生高級形態的新形式，所以「現實主
義者應該在民間形式中發現民族形式的中心源泉」云云❷。向林
冰的論點，得到大批身在延安的理論家如潘梓年(1893-1972)、
以群(葉元燦，1911-66)、羅蓀(孔繁衍，1912-)、胡繩(1918-)、
黃芝岡（黃衍仁，1895-1971)以至與他持對立觀點的葛一虹的同
意❸。

（一）民粹主義傾向的批判

——胡風於趙紀彬辯證法否定之一

　　趙紀彬的民間文學中心源泉說,結果是把五四文學革命所打
倒的舊文學恢復過來，中國是小農經濟的的國家，農民佔大多數，
恢復民間文學，以小農為大眾文學的對象，於是又把波格丹諾夫
以工人為主體的無產階級文化還原為民粹主義，民粹主義的其中
一個特徵是以農民為革命的主體。如所周知，列寧的建黨思想是
以知識分子為革命主體，波格丹諾夫無產階級文化是以工人為革
命主體 ， 並排斥農民 ， 但是毛澤東的無產階級文化是以農民為
革命主體的，中國革命經常帶有民粹主義傾向，是眾所周知的事
實❹。趙紀彬把中國文學的命運寄託給民間文學的辯證發展，在

胡風看來，是一種民粹主義，從歷史過程分析，也缺乏向前發展的觀念❹。

(二)相類社會基礎移入說

——胡風於趙紀彬辯證法否定之二

在《民族形式的問題》(1940)一書，胡風引用了一些馬克思主義理論家的名著，以否定趙紀彬以「內容決定形式」的辯證法解釋文學形式。胡風首先引俄國馬克思主義之父普列漢諾夫《論一元歷史觀之發展》爲根據，在這本名著之中，普列漢諾夫認爲文學形式是具備「相類社會基礎移入」的❹。

(三)盧卡契有關歷史過程的必然性

——胡風於趙紀彬辯證法否定之三

與普列漢諾夫「相類社會基礎移入」說相配合的，是盧卡契〈敘述與描寫〉(1936)於文學形式的看法。盧卡契認爲文藝現象是「由生活裏面出來」，「決不是由於藝術形式本身固有的辯證法而發生的」❹。伊格爾頓(Terry Eagleton, 1943-)《馬克思主義與文學批評》(Marxism and Literary Criticism, 1976)一書認爲：盧卡契在未成爲馬克思主義者之前，已經認爲文學形式是意識形態，俄國馬克思主義者之中，唯托洛斯基《文學與革命》一書的看法與盧卡契接近，其他俄國馬克思主義者一般是把內容與形式看作一種辯證的關係❹。

(四)五四革命文學運動與自然生長說

——胡風與毛澤東於五四運動評價的分歧

胡風從總體性的角度評價五四運動，結果在日後也引起堅持毛澤東思想的理論家的不滿。胡風在民族形式論爭之中，以市民說解釋五四運動。毛澤東對五四運動的評價主要見於：(1)在1940年1月發表的〈新民主主義論〉，毛澤東在該文認爲五四運動以

後的文化是由馬克思主義者領導下形成的❹；⑵在1949年6月發表的〈論人民民主專政〉，又進一步說「十月革命一聲炮響，給我們送來了馬克思列寧主義❺」，把五四運動看作十月革命所引起的世界革命的一環。胡風則把五四文學定為「自然成長的新文藝」，「自然成長」是列寧《怎麼辦》一書的概念，也是福本主義者常用的術語，用以解釋過去的左翼文藝形成過程。《怎麼辦》是列寧闡述建黨思想的文獻，列寧在該書認為社會意識可在智識階級中自然成長，馬克思和恩格斯本來都是資產階級知識分了，自發的工人運動不可能形成社會意識，社會意識還是需要有豐富學識的、參與革命運動的智識階級創造出來❺。依胡風看來，這種自然成長的社會意識成就了「相類社會基礎」，而且領導五四運動的是並未帶有階級立場的市民，市民們移植了西方的現實主義的而形成五四革命文學運動。值得注意的是胡風認為「市民」才是五四文學革命運動的領袖❺。

4.小結

在民族形式論爭之中，胡風差不多把毛澤東為首的延安派馬克思主義理論家作為批判對象，胡風的論點包括：⑴否定藝術形式是由本身固有的辯證法產生的說法；⑵對以農民為革命主體的民粹主義傾向作了批判；⑶在毛澤東〈新民主主義論〉之外另立市民說，以解釋五四文學革命運動性質。胡風的無產階級文化理論很少提及黨性原則，無疑是因為他和延安派的黨理論家無法取得共識之故。

五、「主觀戰鬥精神」的論戰

胡風不但在民族形式論爭之中引用盧卡契〈敘述與描寫〉(1936)的觀點，而且依據這篇論文所強調的作家主觀精神作用，

再度結合他青年時代所接觸到的盧卡契主客體辯證法，建立起後期的文藝學理論，即所謂主觀戰鬥精神。以下撮引伊格爾頓《馬克思主義與文學批評》於〈敘述與描寫〉的介紹作一說明：㈠在這篇論文，盧卡契的主要批評概念是：整體、典型性和歷史過程；㈡隨著資本主義的異化，一般和特殊、概念和感覺、社會和個人之間分裂，只有偉大的作家和藝術作品能夠與這種異化和分裂作鬥爭，展示人類的整體現象，這樣的藝術叫做現實主義；㈢1848年的歐洲革命運動失敗，階級鬥爭凍結，資產階級把社會看作自然的事實；其間描繪人類與異化鬥爭的小說家是巴爾扎克，但巴爾扎克的後繼者如左拉(Emile Zola, 1840-1902)，只是照相式再現社會現象，未能揭示現象背後的本質，心理學或生理學代替歷史，成為典型人物行動的因素；作家從歷史的、積極而主觀的參與者，一變而為冷靜的旁觀者；㈣透過人與環境關係的描寫，特別是人與環境的鬥爭的描寫，現實主義作品中的典型人物展示了巨大的力量；㈤在形式主義作品之中，人剝奪了自己的歷史，與現實隔離，與自然主義一樣，把人變成一件零件，一個狀態，一幅靜物畫，這正是資本主義的異化現象（同❹）。胡風就是根據〈敘述與描寫〉的理論，以分析抗戰期的中國文藝現實。據胡鏞的研究，胡風在〈今天，我們的中心問題是什麼？〉（1941.1）一文首先提出主觀戰鬥精神的觀念❸。〈敘述與描寫〉一文在1940年有呂熒（何佶，1915-69)的中譯，發表在胡風主編的《七月》(6集1、2期)❹。這種主觀戰鬥精神的辯證法似乎未獲延安派理論家的同意，1945年1月，胡風在自己主編的雜誌《希望》發表了舒蕪〈論主觀〉一文(同❻)，結果引起軒然大波，黃藥眠（黃訪，1903-87)、何其芳、邵荃麟（邵駿運，1906-71)、胡繩等從反映論對胡風作了批判，認為是反馬克思主義❺。

六、《胡風對文藝問題的意見》(1955)
——與毛澤東文藝政策對立的第階段

為了解決胡風思想的問題，1952年12月，文協召開「胡風文藝思想討論會」，《文藝報》1953年2、3月號分別刊登了林默涵（林烈，1913-　）和何其芳對胡風批判的論文，認為胡風是反現實主義的。胡風為反駁林、何等的觀點，寫了萬言書交給中共中央，這篇萬言書後來印成《胡風對文藝問題的意見》，附於《文藝報》1955年1、2號派發。1955年5月3日至6月10日，《人民日報》發表了三批〈關於胡風反革命集團的材料〉，附有序言和案語，在文革期間證實這些文件是毛澤東親自寫的。同年5月25日，文聯召開大會，開除胡風的會籍，撤銷一切職務。《胡風對文藝問題的意見》引用了不少蘇聯共黨在建國之後各個時期對文藝問題所作的決定，這些決定，由於配合不同時期的需要，所以綜合在一起之時，不免自相矛盾。《胡風對文藝問題的意見》最值得注意是對黨性的否定。

1. 世界觀與創作方法可以不一致論
——否定黨性的理論根據之一

世界觀與創作方法可以不一致之論，應該回溯拉普解散時所出現的問題。1932年4月，即拉普解散的同月，蘇共發表了恩格斯兩封談文藝的信，信裡講到兩個問題：其一，是有關典型的，前面已討論過，茲不贅；其二，是認為「世界觀與創作方法」可以不一致，恩格斯認為巴爾扎克是保皇黨，政治上反動，但他能夠違反自己的世界觀，寫出偉大的現實主義作品。恩格斯這一經典論述，直接打擊了辯證唯物主義的創作方法，辯證唯物主義的創作方法是要求作家一定要以唯物辯證法武裝，如此才能寫出

好的作品。巴爾扎克世界觀問題在蘇聯引起討論之時 (1932-34)，各方見解可分爲派：(1)是認爲世界觀與創作方法之間有衝突或矛盾——羅森塔爾(Mark M. Rozental', 1906-1975)、阿爾特曼(I. Atman)持此說——賴於派；(2)是創作方法可違背自己世界觀——盧卡契與李夫希茨(Mikhail A. Lifshits, 1905-83)持此說——違背派；(3)把創作方法與世界觀等同起來——努西諾夫(I. Nusinov)❺。1952年12月，文協召開「胡風文藝思想討論會」，《文藝報》1953年2、3月號分別刊登了林默涵和何其芳的批判論文，對胡風用違反論解釋「世界觀與創作方法」加以批判，認爲胡風是反現實主義的。胡風則反指林默涵、何其芳仍然停留在拉普的觀點❺。

2.馬林科夫的19大報告與寫真實的口號
——否定黨性的理論根據之二

《胡風對文藝問題的意見》也曾經借用馬林可夫(Georgii M. Malenkov, 1902-88)的19大報告。1952年10月，馬林可夫在蘇共19大報告中提及典型人物的問題（中譯：1952年10月，《文藝報》❺），這個報告以「反無衝突論」，提倡寫真實著名，是爲解凍期的前奏；此外報告中也談到典型問題，不過，19大報告後來證實是有問題的。斯大林於1953年去世，馬林可夫繼位，不久就被赫魯曉夫(Nikita S. Khrushchov, 1894-1971)取代，赫魯曉夫在蘇共20大(1956.2.14-25)批判斯大林，蘇聯解凍期(1953-1966)也正式進入較明朗的階段。1955年9月，蘇聯《共產黨人》雜誌（18期）發表了典型專論（中譯，1956年2月《文藝報》，《學習譯叢》），批評了馬林可夫19大報告中有關典型論述(1955年10月，中譯見於同月的《文藝報》)。馬林科夫的報告無疑有3點主要的錯誤：(1)把塑造典型看作是政治問題，即文藝從屬於政治，

這一點跟19大報告反無衝突論的精神也是背道而馳的；(2)把典型看作是「黨性在現實主義藝術中都表現的基本範疇」；這點不對之處，可舉巴爾札克為例，巴爾扎克塑造了不少典型人物，但他沒有後來所謂強調的黨性；(3)把典型看作是「和一定社會──歷史現象的本質相一致」，這一點的錯誤，是不了解科學與文藝對現實認識方法的不同，不了解文藝特殊性❺⑨。胡風引寫真實之論，是用以反對「世界觀與創作方法」必須一致的拉普辯證唯物主義的創作方法的口號❻⓿。眾所周知，毛澤東的文藝政策在黨性方面與拉普主張沒有分別。

3.蘇聯1924年文藝論辯決議的引用
──否定黨性的理論根據之三

在《胡風對文藝問題的意見》，胡風還引用了雅科夫列夫等人在文藝政策論辯第1回合的決議。謹守列寧對文藝流派處理態度的雅科夫列夫不贊成無產階級文化理論，並否決無產階級文學作家對蘇共所作的要求，決議中聲明任何文學流派和團體，都不能站出來代表黨。在《胡風對文藝問題的意見》，胡風是以無產階級作家，支持不贊成無產階級文化的雅科夫列夫的決議，當然難以為毛澤東所接受，毛澤東的文藝政策就是要建設無產階級文化。

七、結　論

胡風和毛澤東的文藝思想其實沒有太大的分歧，以下幾點都是兩者所共有的：(1)目的都是為了建設無產階級文化；(2)都強調階級鬥爭；(3)都獨尊現實主義；(4)都把無產階級文化等同大眾文化；(5)毛澤東也講實踐，所以在辯證法的方法上差別不大；所不同者是：胡風在理論上對民粹主義態度不一樣，但他不見得經常

強調；兼且胡風由於對馬克思主義辯證法解釋，與延安派持不同
看法，導致最後對黨性持否定態度。文革後對西方馬克思主義流
行，胡風當年對辯證法的理解也漸為人所接受。胡風的悲劇是令
人深感遺憾的，可是他的文藝理論，目的還是建構無產階級文化，
與毛澤東的文藝政策分歧不大。經過文革對無產階級文化的實驗
之後，中國的評論家不應該只考慮胡風個人的悲劇，而應該參考
文革所作具體實踐，對主觀戰鬥精神作出審慎的評價。

　　（在資料蒐集過程中，得到鈴木正夫教授、田仲一成教授、黃
　　耀堃教授以及白雲開先生、梁敏兒女士的幫助，謹此致以十二
　　萬分的謝意。）

【注釋】

❶馬蹄疾(1936-　)：《胡風傳》（成都：四川人民出版社，1989）。

❷〈我的自傳〉，《新文學史料》1981年1期，1981年1月，頁101。

❸參《論爭·歷史と階級意識》（《論爭·歷史和階級意識》，池田浩士編，
　東京：河出書房新社，1977)，〈解說〉部分，頁35-37，此書網羅包括日
　本在內的、有關《歷史和階級意識》所引起的論爭文獻。

❹拙稿〈福本主義對魯迅的影響〉（《魯迅月刊》1990年7期，1990年7月，
　頁12-21)對福本主義理論作了綜合的介紹，內容包括：㈠日語有關福本主
　義的文獻；㈡福本主義的特徵；㈢中國福本主義者的理論；㈣中國革命文
　學論戰與福本主義的關係；㈤魯迅如何接受了福本主義。（此文已收入本
　論文集）。

❺《三十年代「文藝自由論辯」資料》（吉明學、孫露茜編，上海：上海文
　藝出版社，1990)，㈠〈粉飾，歪曲，鐵一般的事實〉，頁258-276；㈡〈現
　階段上的文藝批評之幾個緊要問題〉，頁277-280，這只是節錄而已，原文
　參《現代文化》1卷1期，1933年1月，頁1-26；㈢〈關於現實與現象的問題

及其他〉，頁471-491。這本書還收錄了關於這次論爭的論文目錄以及轉錄了若干篇文革後發表的重點論文，不過這些論文都是以肯定無產階級文化為前提寫的，也沒有提及盧卡契《歷史和階級意識》一書對胡風的影響。

❻❼《歷史和階級意識——馬克思主義辯証法研究》（喬治・盧卡奇著，張西平譯，重慶：重慶出版社，1989），頁10，21。

❽並參徐崇溫（1930- ）：《西方馬克思主義》（天津：天津人民出版社，1982），頁87。

❾《三十年代「文藝自由論辯」資料》，頁266。

❿《文藝筆談》（上海：文學出版社，2版，1937），頁190。

⓫收入《「革命文學」論爭資料選編》（中國社會科學院文學研究所現代文學研究室編，北京：人民文學出版社，1981），上冊，頁289，原刊《文化批判》4號。

⓬《文藝筆談》，頁52，40。

⓭《密雲期風習小紀》（香港：海燕出版社，1940），頁68。

⓮近藤龍哉(KONDO Tatsuya, 1946-)：〈胡風研究ノート(1)——その理論形成期についての傳記的考察〉（〈胡風研究札記——有關早期的經歷及其理論〉），《東洋文化研究所紀要》75冊，1978年3月，頁375。

⓯(一)〈福本主義對魯迅的影響〉；(二)《「革命文學」論爭資料選編》，頁301-305。

⓰《文學理論史料》（《國統區抗戰文學研究叢書》，成都：四川人民出版社，1988），頁556-596。

⓱Soviet Literary Theory, 1917-1934. The Genesis of Socialist Realism (Berkeley: California UP, 1963).

⓲《「拉普」研究資料》（張秋華、彭克巽、雷光編選，北京：中國社會科學出版社，上冊，1981）。

⓳張大明：〈「辯証唯物主義的創作方法」在中國〉，《三十年代文學札記》

（天津：天津人民出版社，1986），頁266-279。

⑳《「拉普」研究資料》，頁378。

㉑〈無產階級的詩歌〉，《無產階級文化派資料選編》（白嗣宏編，北京：中國社會科學出版社，1983），頁22。

㉒㈠普列漢諾夫：《藝術與生活》，收入《普列漢諾夫美學論文集》〔曹葆華（曹寶華，1906-78）譯：北京：人民文學出版社，1983〕，頁830；㈡《「拉普」資料匯編》，頁84-85；㈢〈「拉普」——從興起到解散〉，《「拉普」研究資料》，頁334；此文是Soviet Literary Theory, 1917-1934一書部分章節的中譯）。

㉓《プロレタリア文學とその時代代》（《無產階級文學及其時代》，東京：平凡社，1971），頁138-139, 178-179。

㉔㈠近藤龍哉：〈胡風研究札記——有關早期的經歷及其理論〉，頁386-389；㈡《綜合》創刊號，1934年5月，頁73-84。

㉕《周揚文集》（北京：人民文學出版社，1984），卷2，頁101-114。

㉖〈我為「左聯」在國外作了些什麼？〉，《左聯回憶錄》（中國社會科學院文學研究所《左聯回憶錄》編輯組，北京：中國社會科學出版社，1982），頁175-181。

㉗㈠唐沅：〈關於一九三六年「兩個口號」論爭的性質問題〉，《文學評論》1978年期，1978年6月，頁11；㈡吳黎平（吳亮平，1908-86）：〈關於三十年代左翼文藝運動的若干問題〉，《文學評論》1978年5期，1978年5月，頁13。

㉘張順發〈「民族革命戰爭的文衆文學」公開提出時間及文章〉，《中國現代當代文學研究》(人民大學複印報刊資料)1986年3期，出版月份缺，頁26〔原刊《貴州大學學報》（社科版），1985年4期〕。

㉙《且介亭雜文末篇》，《魯迅全集》（北京：人民文學出版社，1981），卷6，頁526-538。

❸⓪吳黎平：〈關於三十年代左翼文藝運動的若干問題〉，頁11。

❸⓵《左聯回憶錄》，頁148。

❸⓶《紅旗》1967年9期，1967年5月，頁16。

❸⓷《文學理論學習參考資料》（北京師範大學文藝理論組編，北京：高等教育出版社，5版，1957），頁371-372。

❸⓸《密雲期風習小紀》，頁33。

❸⓹《文學初步》（上海：新文藝出版社，3版，1952），頁425。

❸⓺〈抗戰三年來的中國哲學論爭〉，《趙紀彬文集》（河南：河南人民出版社，1985），頁480。

❸⓻《斯大林全集》（北京：人民出版社，2版，1964），卷7，頁117。

❸⓼《斯大林全集》，1955年，卷12，頁319。

❸⓽《民族形式討論集》（胡風編，重慶：華中圖書公司，1941），頁153。

⓵⓪⓵⓵《毛澤東著作選讀》（北京：人民出版社，1986），冊1，頁288，398。

⓵⓶《民族形式討論集》，頁97-98

⓵⓷《民族形式問題》（重慶：學術出版社，2版，1941），第3章，頁20。

⓵⓸莫里斯·邁斯納（Maurice J. Meisner, 1931- ）：㈠《李大釗與中國馬克思主義的起源》（Li Tai-chao: The Origin of Marxism of China，中共北京市委黨史研究室編譯組譯，北京：中共黨史資料出版社，1989）；㈡《毛澤東主義與馬克思主義烏托邦主義》（Marxism, Maoism and Utopianism，中共中央文獻研究室，北京：中央文獻出版社，1991）。

⓵⓹《民族形式問題》，頁49，頁67。

⓵⓺㈠《民族形式問題》，頁25；㈡博古（秦邦憲，1907-46)譯，上海：新華書店，1949，頁282-285。

⓵⓻㈠《民族形式問題》，頁21；㈡〈敘述與描寫——為討論自然主義和形式主義而作〉，《盧卡契文學論文集》（北京：中國社會科學出版社，1980），卷1，頁48。

❹❽《馬克思主義與文學批評》（文寶譯，收入《西方馬克思主義美學文選》陸梅林編，桂林：漓江出版社，1988），頁680-690。

❹❾❺⓪《毛澤東著作選讀》，頁355，677。

❺❶《怎麼辦》（《列寧全集》，中共中央馬克思恩格斯列寧斯大林著作編譯局編譯，北京：人民出版社，1963年，3版），卷5，頁343。

❺❷《民族形式問題》，頁39。

❺❸胡鑄：〈論胡風的主觀戰鬥精神〉，《蘇州大學學報》總期，1983年8月，頁66。

❺❹胡風：〈重慶前期——抗戰回憶錄之十〉，《新文學史料》1987年3期，1987年月，頁98。

❺❺《中國現代文學史》〔唐弢(唐端毅，1913-92)、嚴家炎(1933-　)編，北京：人民文學出版社，1980〕，冊3，頁398-412。

❺❻㈠波斯彼洛夫(G. N. Pospelev, 1899-　)：《文學理論》（王忠琪等譯，北京：三聯書店，1985），頁381-384；㈡吳元邁(1934-　)：〈三十年代蘇聯的文學思想〉，《蘇聯文學史論文集》（北京：外語教學與研究出版社，1982），頁19-22。

❺❼《胡風對文藝問題的意見》，頁20，32-39。

❺❽〈蘇聯共產黨(布)中央委員會書記馬林科夫在蘇聯共產黨(布)第十九次代表大會上所作「蘇聯共產黨(布)中央委員會的報告」中關於文學藝術部分的摘錄〉，《文藝報》1952年21號，1952年11月，頁5-6。

❺❾㈠廷超譯，《學習譯叢》年期，頁1-10；㈡周若予譯，《文藝報》1956年2月，頁4-51；㈢吳元邁：〈五、六十年代蘇聯文藝思潮簡論〉，（《五、六十年代蘇聯文學》，吳元邁、鄧蜀平編，北京：外語教學與研究出版社，1984），頁20-22。

❻⓪《胡風對文藝問題的意見》，頁8-13。

❻❶《胡風對文藝問題的意見》，頁144。

郁達夫與私小說

一、私小說的理論

　　私小說與西洋文學所謂第一人稱小說（Ichi-roman）、自傳
小說的概念，有密切的關係，但私小說畢竟是日本近代文學的產
物，因此探討私小說的理論，就成爲該國學者的主要課題之一。
在名詞解釋方面，本文主要是以《日本近代文學大事典》(1977)
之中豬野謙二(INO Kenji, 1913-　)和小笠原克(OGASAWALA
Masaru, 1931-　)所撰寫的辭條爲基礎❶，再旁及其他資料寫成
的，引述《日本近代文學大事典》以外的資料部分，將另加注釋
說明。在現代中國作家之中，以創造社（1921-31）作家郁達夫
（郁文，1896-1945)的私小說最爲有名，其他的創造社作家也寫
過私小說，這方面可參考鄭伯奇（鄭隆謹，1895-1979)的《中國
新文學大系‧小說三集》(1935)〈導言〉❷。

1.私小說的源起

　　在1920年和1921年，加藤武雄(KATŌ Takeo, 1888-1956)和
近松秋江（CHIMATSU Shūkō, 1876-1944)分別寫了〈所謂「私小
說」〉和〈我是小說〉兩篇文章，論者認爲「私小說」名稱可溯
源至此，這兩篇文章的問世，也反映出當時的文壇曾經出現過爲
數頗多的「私小說」。初期的評論家對私小說多加否定，以爲只
寫身邊瑣事，類似自傳或隨筆，欠缺西洋小說的形格。伊藤整認
爲西洋小說(fiction)的特點是作家將自己的悲喜、經驗、以及

獨有的思想等抽象的東西，配合在一起，虛構出與現實生活毫無關係的作品❸。不過到了1924和1925年左右，私小說卻得到文壇的肯定，原因是1923年的關東大地震使日本社會和思想產生劃時代的變化，其時無產階級文學以及新感覺派勃興，通俗小說流行，這一特變造成作家自我反省的傾向，他們希望從現實生活所面對的危機之中尋求自救的辦法，日本中世紀的諦視人生，以及求道的精神那樣的「心境小說」、成為「私小說」一個轉變。

2.中村武羅夫和久米正雄有關「心境小說」之論

　　1923年，在一次作品評論上，中村武羅夫(NAKAMURA Murao, 1886-1949)和久米正雄(KUME Masao, 1891-1952)提出「心境小說」這一術語。中村武羅夫認爲作家應在小說中現身說法，與其客觀地描寫社會現狀，不如直接表達自己的心境。所謂心境，則是寄託於花鳥風月，近於日本的和歌和俳句的境界。不過偏重日常生活，又往往被批評家認爲流於鄙俗。久米正雄根據自己的創作經驗說：俳句最能直接表露作家的心境，他提到所謂眞的問題，在藝術求眞的意義來說，他認爲托爾斯泰(Lev N. Tolstoǐ, 1828-1910)《戰爭與和平》(1863-69)、陀思妥耶夫斯基(Fëdor M. Dostoevskiǐ, 1821-81)《罪與罰》(1866)等小說高級是高級，但也不過是通俗小說，而且是人爲的作品。他維護私小說那種著重生活上的平凡事物描寫的傾向，並針對有關私小說小流於鄙俗的苛刻批評說：「如實」不等於「寫實」。久米認爲所謂「寫實」是要加以過濾、融和然後再現，最重要的是道出「心境」。換言之，這就是把以鄙俗的人生描寫爲主的「私小說」與他所謂的「心境小說」劃了界線。宇野浩二(UNO Koji, 1891-1961)認爲私小說可溯源於白樺派(機關刊物《白樺》創刊於1010年，1923年停刊)，此派作家之中，田山花袋(TAYAMA Katai, 1871-1930)

使用「私」字最多，宇野這一意見頗受重視。

3.伊藤整有關「調和型」和「破滅型」的理論

　　對私小說理論作出重大貢獻的批評家是伊藤整(ITŌ Sei,
1905-69)。伊藤把私小說作家分成「調和型」和「破滅型」(《小
說的方法》❹)。破滅型的作家逐步邁向自己設立的危機以至破
壞實際生活，調和型作家則設法迴避危機，克服危機，以調和實
際生活。另一位著名文學批評家平野謙(TARANO Ken, 1907-78)
認爲調和型屬心境小說，破滅型屬私小說。一般人認爲前者是私
小說的正統。破滅型的作家可溯源岩野泡鳴(IWANO Hōmei, 1873-
1920)、近松秋江、葛西善藏(KASAI Zenzō, 1887-1928)、其後
的代表人物有太宰治（DAZAI Osamu, 1909-48）以及小林多喜二
(KOBAYASHI Takiji, 1903-33)等無產階級文學作家。調和型的
作家可溯源志賀直哉（SHIGA Naoya, 1863-1927）以及尾崎一雄
(OZAKI Kazuo, 1899-1983)等。

4.調和型作家的特點

　　伊藤整認爲調和型作家有以下的特點：(1)多出身良好的家庭；
(2)不會爲金錢以及謀生感到煩惱；(3)較早得到一流作家的地位，
這種人只佔日本人口5%左右；(4)自己也抱有理想，他們的作品並
不是不會流露出對社會的關心，但他們自己設法調和良心與不合
理社會制度之間的矛盾。戰前的日本一般認爲社會運動以及工運
是犯罪行爲，調和型的作家從生活體驗所得，要他們相信這是犯
罪行爲是有疑問的。名作家如夏目漱石(NATSUME Sōseki, 1867-
1916)和志賀直哉也常常在調和的世界中洩露出他們對不平等的
社會感到不安，以及爲性的問題所感到的困擾，內心十分痛苦。
伊藤舉永井荷風(NAKAI Kafu, 1879-1959)爲例子以說明。永井
出身很好的家庭，曾留學歐洲，研習文學和思想，回國後對日本

社會中的封建秩序和家庭的制度感到失望。1910年，日本破獲密謀行刺天皇的行動，史稱「大逆事件」，日本政府為了趁機打擊社會主義運動，於是拘捕了當時最著名的社會主義者幸德秋水（KŌTOKU Shūsui，1891-1911），誣稱幸德是這一事件的主謀，並於1911年1月24日以莫須有罪名把他處死；永井看到那輛載運幸德往行刑的馬車，感到自己的國家沒有自由。從此過著自我放逐的生活，逃避現實；面對社會不安，性慾的問題，他用了文士和名士的特權加以調和，免除了在社會上以及家族中所需要表現的偽善，也免除了陷於破滅的危險。

5. 破滅型作家的特點

逃避可以調和，也可發展成為改良社會的力量，成為作家生活的危機。破滅型作家，常常較具正義感和生命力。日本所謂逃避的方法，可皈依佛門，隱於深山，避世而居，或屈處陋巷，以花鳥風月為伴。日本人傳統的思維方式是孤立的、逃避的、遁世的，這幾個詞差不多與潔癖、正義感是同義語，現世是濁世，很少人有改變現世的倫理秩序的想法，也很少人利用文學建造他們夢中的烏托邦。不過，在日本史上，突發的衝動的暴動卻不少。

(一)演技說

明治大正期(1868-1912, 1912-1926)的文人，很多沒有進入組織強而有力的官僚組織或企業，他們多在大學中途退學，學生時代認識到自由的可貴，這種自由，他們在那時組織尚未那麼嚴密的出版社，都可以找到，明治時代的新聞工作者和文士的身份是難以區別的。他們在明治末期寫作的東西，很多是自傳體的小說，內容都是寫自己出身不好，深感可悲，又不願在屈辱的制度下做奴隸，自誇以禿筆維持貧困的生活，總而言之，就是寫自己怎樣逃避家庭和社會的秩序。作為讀者，他們會欣賞作家的自由，

以他們的生活作爲理想的生活,作家在讀者眼中成爲一個演員。作家要維持作品的商業價值,就著意地描寫家庭的不幸、戀愛的危機、患病的程度等以迎合讀者,不自覺地把不幸的事都作喜事般來寫,下一階段,就是自己製造不幸事情,譬如積極地投身對自己前途具毀滅危機的戀愛,在這種情形下作家已不是認眞地面對生命,而淪於一種商業的「演技」。在昭和 (1926-88)初年,很多作家都受過否定資本主義的馬克思主義的影響,對當時的封建制度抱有反抗精神,這種精神與新聞行業結合起來是非常危險的,日本的文壇很重視生活的實踐,明治的革命家以投獄次數多寡相誇,新聞界也大加報導,文士的革命行動也就成爲商業化的演技,但當受統治當局嚴厲的鎭壓之後,作家終於以悲劇收場。日本作家常常考慮絕望的革命以及死兩個極端的問題,自殺而死的就有芥川龍之介(AKUTAGAWA Ryūnosuke, 1892-1927)、有島武郎 (ARISHIMA Takeo, 1878-1923)等,放棄現世被視爲一種美的追求,在近代日本文學裡面,描寫死亡之美的短篇很多,原因就是如此。

(二)破滅型的特點

歸納起來,破滅型作家的特點有以下幾點:(1)出身於窮苦的家庭;(2)在大學生時代接觸到自由主義思想,其後傾向馬克思主義,以致遭受鎭壓;(3)未唸完大學就退學,多在出版社或新聞社工作;(4)他們的作品多是自傳體的小說,小說內容以窮愁潦倒的自述博取同情,把不幸的事當作喜事來描寫,甚至積極地爲自己製造不幸的事情;(5)歌頌死亡之美。

6.平野謙於伊藤整「演技說」的演繹

平野謙〈私小說的二律背反〉(1951)一文引用並發展了伊藤整的「演技說」,他指出調和型的作家因爲要迴避危機,因此就

要調和自己私生活，結果就是使到創作的意欲消沈，要解決這個矛盾，就是一開始就放棄克服生活的危機，把私小說的精神作藝術上的處理，這是私小說轉變的一種方向。郁達夫的〈遲桂花〉就是一個好例子。

二、郁達夫
——由調和型轉至破滅型的作家

在郁達夫的研究方面，鈴木正夫(SUZUKI Masao, 1939-   )的貢獻是非常大的。鈴木氏做了不少資料蒐集的工作，於理論研究上，他又曾經認為郁達夫是一位由調和型轉至破滅型的作家❺，我認為這一觀點非常有意思。鈴木氏認為作為一個小說家，郁達夫是屬於調和型的，可是他後來發表了〈毀家詩紀〉(1938.3)，以至離婚，最後流落異鄉，悲慘地死去，所以，後期的郁達夫可算是個破滅型的作家，我這篇論文本是為檢證他的觀點而寫成的，合該向鈴木氏致萬二分的謝意。不過，我的野心不只如此，我還希望從中國的文化背景去研究中國作家接受私小說的原因，譬如性善論、回歸自然、崇高(sublime)等等的因素。與郁達夫的傳記和作品結合來研究一下，就可以發現他具備了破滅型作家的主要特點。

1.出身於貧窮的家庭

郁達夫出身於非常貧困的家庭，他後來回憶兒時的生活的文章說「所經驗到的最初的感覺，便是饑餓」(〈悲劇的出身〉❻)，窮愁是郁達夫小說中的常見題材。成名後的郁達夫也因為揮霍無度，家庭經濟一直得不到改善。

2.由自由主義者到馬列主義者

郁達夫留學日本之時(1913.9-1922.4)，正是私小說開始流

行的年代，郁達夫由高中唸起，到在東京大學畢業爲止，前後凡
10年，他的學歷背景，跟許多日本私小說作家並無二致，郁達夫
的自由主義思想的最具體表現，是他後來如日本一些破滅型作家
那樣參加社會運動，又傾向馬克思主義。

(一)與出版界的關係

在《星州日報》工作3年(1939.1-1942.2)，也許是郁達夫一
生與新聞界關係最直接的時代，不過他那時已不再寫小說。至於
在出版社的工作經驗，對創造社的作家來說，是一個沈痛的回憶。
創造社的刊物《創造季刊》(1922.5-1924.2)是由泰東書店給他
們出版的，出版後並未取得預期的效果，銷路極差。泰東只照顧
他們的食宿，不發工資，第一期創造社就是因爲這種經濟因素導
致核心成員各奔前程，郁達夫也因此離開上海到北京大學任教。

(二)大學
　　——中國私小說作家的逋逃藪

爲自己的興趣而中途輟學的例子不是沒有的，成仿吾(成灝，
1897-1984)就因爲他特別強烈的民族主義感情，在畢業考試前放
棄學位。在創造社的核心成員之中，郭沫若和郁達夫雖然在畢業
前回國編他們的刊物，不過最後還是取得了日本的學位。由於出
版界難以容身，中國的私小說作家在這方面可能與日本的略有不
同。中國的私小說作家，即使沒有學位，很多時還可以到大學教
書，這是因爲民國初期大學還不計較學歷。郁達夫一生當過幾間
大學的教授：(1)畢業回國，是在泰東書局做編輯，由於泰東不給
薪水，所以只好到安慶「法政專門學校」任英文科主任(1921.10-
1923.2)；(2)之後，再又因爲經濟的理由，到北京大學教經濟學
(1923.10-1925.2，前後15個月)，經濟學是他在東京大學攻讀
的專業；這段期間，他又在北京平民大學和國立藝術學校兼課；

⑶隨後 ，又到國立武昌師範大學任國文系系主任(1925.2-11)；
⑷創造社元老南下廣州之際，郁達夫也到了廣州大學（現在的中
山大學）任英國文學系系主任(1926.3-11)，其後又兼任該校出
版部主任；⑸1929年9月應邀到安徽省立大學任文科教授，同年
10月，因名列赤化分子而乘船回滬；⑹在1933年暑假至年底，在
杭州之江大學教比較文學史；⑺郁達夫最後在1935年7月，還有
一次重返學壇的機會，鄭振鐸(1898-1958)曾邀請他到上海暨南
大學文學院任日本史的教授，當時的教育部長王世杰 (1891-
1981)以郁「生活浪漫，不足為人師」，於是作罷❼。值得注意
的是，郁達夫到法政大學和北京大學任教，都是為了錢。郁達夫
在各地大學約做了 4 年零 1 個月的教授，其餘時間還是以創作為
主。

　㈢同情無產階級文學
　　——民粹主義、波格丹諾夫主義和私小說現世精神的結合
　　郁達夫出身貧苦，所以很容易從一個自由主義者轉變為一個
馬克思主義者。郁達夫對馬列主義，有他個人的理解體會。俄國
的馬克思主義者一般都深受民粹主義運動的影響，民粹主義的特
徵之一是對農民的盲目崇拜，可是農民因文化修養不足，並不傾
向革命，民粹主義者徒勞無功，反因身份暴露而遭到沙俄政府的
殺害，所以後來的俄國馬克思主義者對農民採取了仇視的態度，
例如被稱為無產階級文化之父的波格丹洛夫(Aleksandr A.
Bagdanov, 1873-1928)最足以代表這種傾向。波格丹諾夫所說的
無產階級是指工人，農民因為有資產階級傾向而被排除於他的無
產階級文化之外❽。列寧是主張工農聯盟的，所以不同意波格丹
諾夫的主張，但在20年代，波格丹諾夫無產階級文化的影響，比
列寧大得多。郁達夫和很多左翼作家一樣，接受了無產階級文化

的思想,〈文學上的階級鬥爭〉(1923.5)和〈無產階級專政和無產
階文學〉(1927.7)兩篇文章,是眾所周知的證據。無產階級專政
和無產階級文學〉的論點深受有島武郎〈宣言一篇〉(1922.1)的
影響。〈宣言一篇〉在日本曾引起論爭,這次論爭在日本左翼運
動史上極其重要,福本主義於文藝理論的應用也隨著對有島的批
判而登場❾。有島認為由無產階級寫成的文學才是無產階級文學,以
工人和農民為中心人物的作品,不能算是無產階級文學。從私小
說作家之重視生活實踐看來,郁達夫這種有島式的傾向不難理解。
在私小說的自然觀影響下,郁達夫的無產階級文化理論,又帶有
民粹主義的特徵,1927年9月,郁達夫發表了〈農民文藝的提
倡〉,提倡農民文學,結果一同遭受左翼內部的中國福本主義者
的批判❿。

3. 自傳式的小說
──由於自傳式的表現而走向所謂「演技」的追求

　　郁達夫的研究家安娜·多勒扎諾娃(Anna Doležalová)對郁
達夫作品的自傳傾向作了許多分析⓫,郁氏的作品如所周知,都
有他的影子,特點例如主人公是浙江人、曾經留學日本、時代背
景與郁氏相同、經濟十分拮据、愛喝酒、患有肺病、喜歡留連風
月場所,又到處留情等等。這種自傳式表現分兩方面:(1)如多勒
扎諾娃所指出的那樣,郁達夫故意把自己名字和經歷寫進小說中
去,這種細節跟作品的情節和結構沒有很大的關係,譬如在〈小
春天氣〉(1924.11)之中,主人公的朋友忽然直接呼叫作者的名
字──「達夫」;(2)是如多勒扎諾娃所說的那樣:「是以他自己
的性格、容貌、命運、經歷、知識為藝術的原始的材料」,再配
合他的藝術構思,而完成他的創作的。第1類是很容易証明的,
第2類和第1類不同之處,是沒有那麼確鑿,但幾個特有的經歷加

起來，仍然可以看到作家的影子，如〈沉淪〉的作者是浙江人、留學日本等。經歷的重新組合只是私小說的較低的層次，私小說最重要的是心理描寫，最突出的是性慾表現。私小說是日本自然主義的一種發展，自然主義是寫實主義深化的產物，日本的自然主義作家是用照相式的實錄，客觀地暴露個人的心理，所以日本的自然主義帶有自我表現的浪漫主義的特點。這種浪漫主義傾向是受了盧騷《懺悔錄》的影響，《懺悔錄》是自傳文學的濫觴，其中的自我暴露的描寫，對私小說的方法，有極大的啓示（詳後所述）。

4. 導致郁達夫破滅的原因

郁達夫為了迴避政治危機，於是歸隱，不過正如平野謙所言，這種刻意調和的方法，對慣於自我暴露的私小說作家而言是不利的。對於郁達夫而言，刻意調和的結果，是種下破滅的禍根。

(一)歸隱杭州的原因

據曾華鵬、范伯群的《郁達夫評傳》(1983)的綜合❷，郁達夫這次歸隱，原因有3點：(1)王映霞說是為利便孩子上學，但恐怕不成理由；(2)是為節省經濟開支，王映霞為郁積儲了一筆錢，但1930年以後，郁的小說銷路不如前，不如在鄉間生活的化算；(3)國民黨逮捕左翼作家，郁不得不躲避。第2個理由不是沒有不可相信之處，第3理由才是主因。郁達夫雖然在1930年加入左聯，但如前所述，他對馬克思主義的理解，與拉普(RAPP，1925-1932)式的無產階級文化觀是有很大的分歧的，郁達夫因此不熱心於左聯事務，其後還被開除(1930.11.16)。由於政見與以創造社為首的福本主義者不合，自己又隨時有殺身之禍，所以歸隱就變得是非常合理而且是可行的途徑。享受田家樂本是中國古來士大夫特有的夢想，風雅之極。如《郁達夫評傳》所指出的那樣，1932年

6月至12月，郁達夫發表的幾篇小說，如〈馬纓花開的時候〉、〈東梓關〉、〈遲桂花〉、〈碧浪湖的秋夜〉和〈飄兒和尚〉等等，已明確表示退隱之意，其中前4篇，都與療養肺病有關。

　　㈡郁達夫的「演技」
　　　──以悲劇收場的郁、王之戀

　　在現代中國文學史上，徐志摩（徐章垿，1896–1931)與陸小曼（陸眉，1903–65)、郁達夫與王映霞之戀，都是非常有名的，而且可以相提並論。徐志摩的愛情詩可說是充滿憂傷的美，相反而言，郁達夫的舊詩、散文和小說，卻是以醜為美的，這種表現是建基於自然主義的真實論。

　　⑴第1階段的演技
　　　──郁達夫對王映霞的追求

　　1927年1月，郁達夫在友人家中第一次見到王映霞（王旭，1907－　），此後即苦苦追求，在郁達夫的文集之中，有不少篇幅是跟這段羅曼史有關的，其中包括情信、舊詩、日記等等。

　　　　朝來風色暗高樓，偕隱名山誓白頭。

　　　　好事只愁天妒我，為君先買五湖舟。

　　　　（〈寄映霞兩首〉，1927.3❸）

這是熱戀中的郁寫給王的戀詩，無疑詩是寫得很好的，郁最後與原配夫人離婚，在1927年6月與王映霞成親。1928年，有名的《日記九種》出版，這本日記之所以有名，是其中公開了他追求王映霞的經過，其中包括好幾次的肉體關係的記錄❹。借伊藤整的演技說理論分析，這是作為私小說作家的郁達夫公開他的演技的第1階段。

(2)第2階段的演技

——設法爲自己設置陷阱

郁達夫隱居杭州,原因是要減少開支,可是在1935年秋天,他卻覓地建造富麗的「風雨茅廬」,心力盡瘁於工程上,且耗盡積蓄,結果在1936年1月中止隱居計劃,到福建福州做參議,把妻子留在杭州 。 好景不常 , 不久就是七七事變(1937),王映霞帶同家小逃難到了浙江的麗水(1937年冬-1938.2),與許紹棣(1898-1980)毗鄰而居,來往頗多,許剛於兩年前喪偶,因此引起了在福州的郁達夫的注意,懷疑妻子移情別戀,與許紹棣同居。後來發表的〈毀家詩紀〉(1938.10)「貧賤原知是禍胎」一首,就是寫這件事:

> 貧賤原知是禍胎,蘇秦初不慕顏回;
> 九洲鑄鐵終成錯,一飯論交竟自媒。
> 水覆金盆收半勺,香殘心篆看全灰;
> 明年陌上花開日,愁聽人歌緩緩來。

詩後有注說:「映霞失身之夜,事在飯後,許君來信中(即三封情書中之一),敘述很詳,當時且有港幣三十七萬餘元之存摺一具交映霞,後因換購美金取去。❶」。許紹棣與王映霞的關係究竟如何,始終是一個謎。許紹棣也是浙江人,1949年舉家赴台,1980年以的高壽辭世❶。據王映霞的自辯,事情是這樣的:1938年2月,郁達夫從福州到了麗水,把王映霞和孩子接去武漢,王映霞受友人所託,到武漢後寫信給許紹棣做媒,女方就是孫多慈。媒是做成了,不過王、許的往來信件,在郁達夫的詩註之中,就演繹爲情書云云❶。

a.把自己的疑慮向新聞界公開

歸隱杭州的生活，使郁失去創作的靈感，解救的辦法，是設法闖進於自己設定的陷阱之中，這是郁達夫發揮演技的第2階段。郁達夫把王映霞寫給許紹棣的封信寄給自己的朋友，藉此宣告妻子對自己不忠，王映霞因此憤而離家出走，1938年7月5日和6日，郁借王的出走爲由，在武漢《大公報》登了一段尋人啓事，表示不計較「與某君的關係」，但盼以老母兒女爲念，早日歸來。如是，郁藉新聞界進一步把婚變之事暴露，後來王要求以登報道歉爲和解的條件，郁於是又在1938年7月10日在武漢《大公報》刊登道歉啓事，說所謂與某君關係等等，都是不實之詞❶。

b.進一步把疑慮譜成詩發表
——關於〈毀家詩記〉

郁家避地麗水不久之後，日軍攻陷富陽，1937年12月，郁母陸氏(1866-1937)因乏人照料而餓死。國仇家恨，使一度有意歸隱的郁達夫，又再重新煥發起年青時代的愛國熱情。不過後來郁達夫沒有留在自己的國土參加抗戰，他決定遠走南洋，在星加坡編副刊，以宣傳抗日，另一方面，他又希望擺脫許紹棣，到星洲重整破碎的家❶，也就是想辦法調和了。1938年12月28日抵達星洲的，這次南遊的決定並沒徵求王映霞的同意，還有他的自我暴露的癖好又來了，在成行之前，他把過去所懷疑王映霞和許紹棣之間的事情，再結合日軍侵華、老母殉國的國恨家仇，寫成一組舊詩——〈毀家詩紀〉，寄交香港出版的《大風》月刊(第30期，1938年3月)發表。這組詩無疑是有一定的藝術成就的：

> 一紙書來感不禁，扶頭長夜帶愁吟；
> 誰知元鳥分飛日，猶賸冤禽未死心。

　　　　秋意著人原瑟瑟，侯門似海故沉沉；

　　　　沈園舊恨從頭數，淚透蕭郎蜀錦衾。

詩後自注說王映霞決定「痛改前非」，所以他就不念舊惡云云[20]。王映霞在到星洲不久，就讀到〈毀家詩紀〉，表示不能容忍，決意離婚。她寫了兩篇文章到《大風》旬刊，細訴前因後果——〈一封長信的開始——呼聲〉（34期，1939.4.15)和〈請看事實——到星加坡的經過〉（36期，1939.5.5)[21]。1949年6月，兩人終於登報離婚。〈毀家詩紀〉的內容，郁達夫其實已用散文寫過一次，以〈國與家〉(1938.8.22)為題發表[22]。伊藤整就曾經說過：追求藝術至上主義的以賣文為生的私小說作家認為，為了成就一篇藝術作品，可以犧牲妻子和家庭幸福，或者必須如此這般的做[23]。據王映霞在她與郁達夫離婚後寫的回憶文章說，郁達夫對於離婚完全無動於衷，她離開星洲之時也沒有送行。郭沫若非常同情王映霞的遭遇，他在〈論郁達夫〉認為〈毀家詩紀〉無疑是絕唱，但未免太令妻子難堪的了，自我暴露在郁達夫彷彿成了一種病態，這些外揚的家醜，說不定是他發揮想象力無中生做出來的，自我暴露是可以的，但郁達夫卻要暴露自己妻子的醜事，以致弄得不可收拾[24]。用郭沫若的話印證伊藤整的觀點，是很有意義的。

三、回歸自然
——盧騷的影響

　　辛亥革命(1911)是從法國大革命得到啓示，盧騷的(Jean J. Rousseau, 1712–78)《民約論》(1762)的思想在清末早已傳播到整個中國知識界，中國的新文家一般都尊重盧騷，郁達夫曾寫過〈盧騷傳〉（1928.1）、〈盧騷的思想和他的創作〉（1928.1）、

〈關於盧騷〉(1928.4)等文章，對他推崇備至。查爾頓(D. G. Charlton)《法國的自然思想，1982-1983》(1984)一書列舉了盧騷於自然觀的幾個重要的特點：(1)是對城市的文明社會的批判；(2)是對兒童教育的提倡；(3)是對女子教育的重視；(4)爲野蠻人的人性辯護；(5)對大自然的禮贊；(6)是自然崇拜與宗教的結合❷。以上提的特點，除第6點之外，在〈盧騷的思想和他的創作〉都有介紹。盧騷關於人性和對大自然歌頌的兩點，與私小說的關係比較密切。

1. 對大自然的鑑賞

　　在中國的傳統裡面，對自然的認識較之西方爲早，這是因爲老莊哲學的影響。在中國哲學之中，人格神的意識非常稀薄，老莊教人順應自然，與自然相契，所以中國人對自然不感到畏懼。中國的山水詩大抵是在建安時代（196-219）就開始萌芽，到東晉（317-420）時山水田園的作品大盛，歸隱務農的詩人陶淵明(365-427)把田園山水之樂譜寫成詩，取得很大的成就，備受尊崇。

(一)浪漫主義的田園遊蕩

　　哈澤德(Paul Hazard, 1878-1944)《十八世紀的歐洲思想》是一本名著，該書力言由古典主義到啓蒙主義，是由靜到動的轉變，到外國旅行是18世紀的一個潮流，當時的思想家和哲學家沒有一個人願意一生足不出戶，或永遠寄居在一個地方，哲學家思索問題的場所，也由安靜的爐火旁邊和精緻的庭園，改爲各種各樣的馬車和船，又或者是旅館、外國友人的家以至他們提供的床褥上❷。郁達夫的小說有不少的郊遊和異國旅行場面，但私小說因爲有著俳句的影響，所以還是以描寫自然的風景爲重點。如前所述，郁達夫於1933-1936年終於實踐了中國傳統士大夫歸隱的

理想，帶同家人到杭州歸隱，在這3年之間，郁達夫的確過著相當悠閒的生活，到處遊山玩水，出版了《屐痕處處》(1934.4)、《達夫遊記》(1936.3)兩本遊記，風花雪月，避談政事。

㈡大自然的雄偉與崇高感

漢普生(Norman Hampson)《啓蒙主義》(1968)一書對盧騷的回歸自然的解釋是頗爲詳細的，據這本書的分析，回歸自然還有更高的層次，這與浪漫主義的美學有密切的關係。「對自然中之崇高感覺的追求並不是一個主題，而是了解許多態度的一把鑰匙。」柏克(Edmund Burke，1729-97)於崇高(sublime)的理論在美學史上是有名的，他爲我們分辨美感經驗，什麼是「崇高的」，什麼是「美麗的」。柏克把崇高的感覺和「自求生存」的感覺結合起來，他認爲崇高與恐怖和驚懼有關，人們當生存受到威脅，並因此而感到痛苦和危險之時，就會產生這種感覺。據這一理論，發揚者列舉了崇高的要素，其中包括海洋、黑夜、暴風雨、電雨等自然現象。盧騷之所以寫到山洪、岩石、陰暗的森林、山嶺、崎嶇的山路，目的是要引發我們對自然尊崇之心。歌德(Johann Wolfgang von Goethe，1749-1832)的話更能表露這種心境，他在《少年維特的煩惱》寫道：在「人跡罕至」的山脈，以及「貧瘠」的平原，又或者「深不可測」的的海洋，都可體會到造物主似乎對每一寸的土地都懷有欣喜的感覺。「與自然界崇高之物做靈性上之交往的結果也產生了一種新的宗教概念」，包括華滋華斯在內的浪漫主義詩人，多少都有「泛神論」的傾向[27]。〈沉淪〉似乎是有識地寫出這種崇高感，主人公每逢天朗氣清之日，就「跑到人跡罕至的山腰水畔」去體會「孤寂的深味」[28]。由於中國的山水詩並不缺乏這種孤獨感和崇高感[29]，所以中國的讀者對郁達夫這類描寫，不會覺得很特別。

㈢自然神論

　　漢普生還提到盧騷的「情感上的自然神主義」(emotion Deism)，盧騷並不是泛神論者，「認為惟有當孤寂地處在一個自然環境中，與其融合在一起的時候，我們才能深切地體認到個人的自我，也才能聽到能使我們感受到上帝之存在的內在的聲音。這種靈性的交往對象是一個無形，但是卻可以感覺得到的神祇——它從罪惡感與美德的觀點來和人們交談，而不是訴諸於邏輯與秩序的體認。（同㉗）」。郁達夫多少有點自然神的傾向，小說中的主人公常常獨自到郊野，仰視長空，尤其是〈茫茫夜〉的表現最為奇特：

> 　　他抬起頭來遠遠見了幾家如裝在盆景假山上似的草舍。……，又看看遠處的地平線和一灣蒼茫無際的碧落，覺得在這自然的懷抱裡，他的將來的成就定然是不少的。不曉得是什麼原因，不知不覺他竟起了一種感謝的心情。過了一忽，他忽然自言自語的說：
> 　　　　「這謙虛的情！這種謙虛的情！就是宗教的起源呀！……」（〈茫茫夜〉㉚）

自然的懷抱與將來的成就的關係如何連結起來呢？其中是不是有著上帝的「善意」的庇祐呢？作者後來還是給了答案：正是宗教的感情。

㈣回歸自然與日本自然主義思潮的結合

　　本來文學上的自然主義的自然並不是指風景和山水，如中村光夫 (NAKAMURA Mitsuo, 1911-88)《明治文學史》(1963)一書在討論自然觀念變遷的一節中所指出的那樣，日本當時對自然一

詞作了相當廣義的解釋，最有代表性的是島村抱月(SHIMAMURA Hōgetsu, 1871-1918)的理論。日本自然主義的最重要論文，是島村抱月的〈文學上的自然主義〉(1908.1)，在這篇論文之中，島村已把盧騷和華滋華斯(William Wordsworth, 1770-1850)包括在自然主義之內，他認為自然主義本是浪漫主義文學中的其中一種要素，隨著時代的進展，自然主義終於排除了其他要素脫穎而出。根據現代文學史的常識，自然主義應該是在浪漫主義之後才出現，是對浪漫主義的反動或修正，所以島村之論，並不符合文學史的事實，但他這種自然主義源自浪漫主義的觀念，給作為浪漫主義的特色的自我暴露（包括懺悔）、自我表現提供理論根據，以便納入自然主義的概念之中❸。私小說是繼自然主義小說而出現的，再加上私小說是追求俳句式的「花鳥風月」的心境，這就給私小說中的自然風景描寫一個合理的基礎。

2.人性的自然

在中國哲學而言，性善性惡之爭似乎是一面倒的，孟子(372-289 B.C.)的性善論由於他的亞聖地位而得到較大的優勢，究竟怎樣才是理想的人性，在啓蒙時代也成為論爭的主要課題之。盧騷的性善說某種情度是與孟子吻合，而在中國得到市場。

(一)古典主義的自然與理性

古典主義的自然就是理性，在笛卡兒(René Descartes, 1596-1650)哲學的影響下，17和18世紀的思想家認為大自然的紛繁現象，其實可以由幾項原理統一起來，其後牛頓(Isaac Newton, 1642-1727)的物理學也發揮了類似的影響。這種思想應用於文藝的結果，就是相信文藝的自然，也有一定的規律，文藝必須符合這種規律，才能表現出美。強調「理性」的結果，是把自然等同於文明狀態，宮庭和城市成為學習的對象，因為在這些

地方很多理性的典範，儀禮也取代了自然，習慣的行爲也取代了真理❷。然而啓蒙時代的思想家卻認爲人天生有著禽獸所沒有的「善意」，伏爾泰(Voltaire, 1694-1778)和盧騷都爲野蠻人辯護，認爲人類後天的發展，失去了善的品質，是社會給人培養出虛榮、傲慢和權力慾等惡行❸。

(二)人性的自然與無意識的發現

在私小說而言，有關人性的描寫，特別是性慾的自我暴露的表現，一方面是繼承自然主義的科學精神，另一方面，隨後興起的弗洛依德(Sigmund Freud, 1856-1939)精神分析理論，也提作家提供了新的角度。

(1)達爾文的生物進化論與弗洛依德主義

古典主義者的機械宇宙論把人性等同機械的理性，稍後隨著心理學的發展，對人類意識了解的增加，自然人性的研究愈來愈重要，如弗洛依德所承認的那樣，是達爾文主義促使人們注意人和動物的淵源關係，引發人們去研究人類本能的因素❹。文學上自然主義本是以實証主義爲基礎的文藝學，文學上的自然主義的科學背景包括達爾文的進化論、照相機的技術、解剖學、遺傳學和力學的機械論等等。弗斯特(Lilian R. Frust)在《自然主義論》一書指出：「自然主義者對人類的看法乃基於達爾文的進化論，處心積慮將人類貶至動物的階層，將其不凡的傲氣剝除殆盡，此與浪漫主義者將人理想化適成對比。」❺。

(2)《懺悔錄》於日本私小說的啓示

可是日本的自然主義文學卻沒有這種科學精神，日本自然主義的性慾描寫，實際上是來自盧騷的《懺悔錄》。笠原伸夫（KASAHARA Nobuo, 1932-　）在一篇檢討性於日本近代文學的歷史的論文，對自然主義以來的愛欲描寫有這樣的歸納：現在日本

政府對性文學差不多是沒有禁止的，但是自明治以來，日本政府卻嚴加管制，1950年，勞倫斯(D. H. Lawrence, 1885-1930)小說《查泰萊夫人的情人》的日譯者伊整藤以穢褻罪被起訴，到了1972年還有類似的案件。如平野謙所說的那樣：田山花袋的〈棉被〉不過是爲了社會的體面而作的自我犧牲❸；〈棉被〉中的性慾表現，不過是《懺悔錄》式的描寫而已，實在是皮毛之極。〈棉被〉無疑是一篇《懺悔錄》式的小說，如中村光夫在《明治文學史》所指出的那樣，《懺悔錄》對明治文壇影響極大，對自然主義持反對態度的作家如夏目漱石、以至後來以標榜唯美文學的永井荷風和谷崎潤一郎(TANIZAKI Junichirō, 1886-1965)等等，都寫過《懺悔錄》式的作品❸。日本私小說因爲不能像西歐自然主義文學那樣面對性的問題，所以作品就近似於《懺悔錄》。另一方面，《懺悔錄》的山水田園的描寫，又正合乎私小說的俳諧心境。自傳傾向、自我暴露、自然風物的歌頌，性慾的描寫和懺悔意識，都是《懺悔錄》和私小說所共有的。

四、結　論

　　平野謙說過，作家要克服危機，就要把私小說的精神作藝術上的處理。郁達夫也是作了藝術上的處理的，特別是避開敏感的政治問題，此外，對性的描寫作了藝術上的處理，如在〈遲桂花〉所表現的那樣，把男女間的情慾升華作兄妹的愛。但是，這種寫法，並不合符他的自我暴露的性格，而且創作的靈感也因而枯竭，所以，他就有必要再創造生活，走進自設的陷阱。

【注釋】

❶㈠豬野謙二：〈私小說〉，《日本近代文學大事典》〔小田切進(ODAGIGI

Susumu, 1916-1924)編：東京：講談社，1979，3 版〕卷 4，頁539-542；
㈡小笠原克：〈私小說論〉，同㈠，頁542-544。

❷上海：上海文藝出版社，1981（據年初版重印），頁1-26。

❸《文學入門》(東京：光文社，1981，41版)，頁72。

❹㈠伊藤整：《小說の方法・小說の認識》(東京：講談社，1970)，頁252-
289；並參《文學入門》，頁97-113。

❺〈郁達夫與日本文學〉，《復旦學報(社會科學版)》1984年 6 期，1984年
11月，頁113。

❻《郁達夫文集》(王自立、陳子善編，香港：三聯書店，1984)卷3，頁353。

❼王自立、陳子善編：〈郁達夫簡譜〉，《郁達夫研究資料》〔陳子善、王自
立編，香港：三聯書店香港分店和花城出版社(廣州)聯合出版，1986〕，
頁774, 777, 779, 782-3, 784-5, 802, 818, 825。

❽參波格丹諾夫〈無產階級的藝術批評〉，蘇汶（戴崇克，1907-1964)譯，
《無產階級文化派資料選編》（白嗣宏編，北京：中國社會科學出版社，
1983），頁39。

❾〈宣言一篇〉的論爭可參臼井吉見(USUI Yoshimi, 1905-87)的《近代文學
論爭》（東京：筑摩書房，1981，5 版），頁165-172。

❿參彭康(彭堅，1901-68)：〈革命文藝與大眾文藝〉，《「革命文學」論爭
資料選編》（中國社會科學院文學研究所編，北京：人民文學出版社，
1981），下冊，頁723-733。

⓫〈郁達夫創作方法的特點〉，《郁達夫研究資料》，頁582-587。

⓬天津：百花出版社，1983，頁183-184。

⓭《郁達夫文集》，卷10，頁257。

⓮《郁達夫文集》，卷 9，頁34-150。

⓯《郁達夫文集》，卷10，頁381。

⓰徐重慶：〈關於許紹棣〉，《新晚報》(香港)1989年 3 月28日，版15。

❶～❶參王映霞〈郁達夫與我的婚變經過〉，參《我與郁達夫》（西安：華
嶽出版社，1988），頁134-144。

❷《郁達夫文集》，卷10，頁383。

❷黃萍蓀(1908-)：《風雨茅廬外紀》（香港：三聯書店，1895），頁134-
144。

❷《郁達夫文集》，卷4，頁200-202。

❷《文學入門》，頁106-107。

❷《郁達夫研究資料》，頁90。

❷New Images of the Natural in France: A Study in European Cultural
History, 1750-1800 (Cambridge: Cambridge UP, 1984)，頁34-35。

❷㈠Paul Hazard: European Thought in the Eighteenth Century(trans.
J. Lewis May, Harmondsworth: Penguin Books Ltd, 1965)，頁270-275；
㈡同上：The European Mind,1680-1915 (trans. J. Lewis May, Cleve-
land: World Pub., Co., 1963)；㈢鈴木聰：〈懊惱の時代──ジョンソ
ンと「アビシニアへの旅」〉（〈懊惱的時代──約翰遜與「亞比西尼亞
之旅」〉），《ユリイカ》（《Eureka》)19卷9號，1987年8月，頁230。

❷《啓蒙運動》(The Enlightenment，李豐斌譯，台北：聯經出版事業有限
公司，1986，2版），頁-210。

❷《郁達夫文集》，冊1，頁21。

❷㈠斯波六郎（SHIBA Rokurō, 1894-1959)：《中國文學における孤獨感》
（《中國文學的孤獨感》，東京：岩波書店，1962，3版）；㈡王建元：
《現象詮釋學與中西雄渾觀》（台北：東大圖書公司，1988）。

❸《郁達夫文集》，冊1，頁127。

❸《明治文學史》，東京：筑摩書房，1974，18版，頁201。

❸卡西亞(Ernst Cassirer, 1874-1945)：《啓蒙時代的哲學》(The Philo-
sophy of the Enlightenment，李日章譯， 台北 ： 聯經事業出版公司，

1984），頁274-275。

❸❸卡西亞，頁154。

❸❹鮑默（Franklin L. Baumer, 1913-　）：《西方近代思想史》（Modern European Thought: Continuity and Change in Ideas, 1600-1950，李日章譯，台北：聯經出版事業公司，1988），頁452。

❸❺李永平(1947-　)譯，收入《西洋文學術語叢刊》(The Critical Idiom，占普〔John D. Jump, 1913-　〕主編，顏元叔〔1933-　〕等編譯，台灣：黎明文化事業公司，1978年，2版），頁164。

❸❻〈性の追求〉（〈性的追求〉），《近代文學》〔三好行雄(MIYOSHI Yukio, 1926-90)、竹盛天雄(TAKEMORI Tenyū, 1928-　)編，東京：有斐閣，1977)卷10，頁172-173。

❸❼中村光夫，頁202-203。

小詩運動(1921-1923)

一、引 言
——一段幾被遺忘的新詩歷史

20年代初期，中國新文壇最流行的詩體是小詩❶，當時很多詩人把自己的作品叫做小詩，例如宗白華（宗之魁，1897-1982）就有叫做《流雲小詩》(1923) 的詩集，王統照(1897-1953)也有〈小詩七十六首〉(1922.3.5-18，《晨報副刊》)❷的作品。至於被編進《中國新文學大系・詩集》(1936)的新詩，單以小詩2字命名的就有6例。此外，俞平伯（俞銘衡，1900-90)又有〈小詩呈佩弦〉〔佩弦，朱自清（朱自華，1898-1948)的字〕❸。早期的新詩人大都寫過小詩。徐志摩就有一首以〈小詩〉為題的小詩：

月，我含羞地說，
請你登記我的冷熱交感的情淚，
在你專登淚債的哀情錄尨；

月，我哽咽著說，
請你查一查我年表的滴滴清淚
是放新賬還是清舊欠呢？❹

這首詩寫於1922年7月，公開發表則是1923年4月，其時正是小詩極為流行的年代，論詩的形式，這一首明顯與俳句不大相類，行數比較多；正宗的小詩如下所述，應是 1 至 4 行的。

二、小詩的定義

中國20年代的小詩，最初是從日本的俳句得到靈感，所以應以兩行的作品最為正宗。事實上，被命名為小詩的作品，行數的多寡並沒有一定的標準。

1.周作人的定義
──形式以1至4行為主的看法

有關小詩運動的最重要文獻，無疑是周作人(1885-1968)在1922年6月發表的〈論小詩〉，他認為所謂小詩，是指那時流行的一種1行至4行的新詩；小詩是只應1至4行，原因有以下幾點：(1)是中國古代的詩歌，都不過是三、四句，《詩經》的重章，是小詩的變種；後世的五、七絕以及小令，民歌中的〈子夜歌〉，都說明小詩有存在的價值；(2)是希臘的小詩，不超過兩句；(3)是中國人稱為偈的印度古宗教哲學詩，多分4行；(4)是日本的短歌和俳句，也不過只有兩行。至於小詩的優點，周作人認為最能捕捉我們日常生活裡「忽然而起，忽然而滅」的剎那間出現的感情❺。這種剎那主義的提倡，成為小詩運動的致命傷，成仿吾和梁實秋對此都作了嚴厲的批評。

2.《中國新文學大系‧詩集》中的小詩形式

周作人認為小詩是1至4行的觀點，似乎並不是一種約定俗成的看法，譬如前面提到的王統照的小詩，由3行到至9行、甚至是11行都有。收進《中國新文學大系‧詩集》的6首以小詩為題的作品，其中宗白華所作的是6行的。現舉以為例說明：

生命的樹上

凋了一枝花

謝落在我的懷裏，

我輕輕的壓在心上。

她接了我心中的音樂

化成小詩一朵。

　　　　　——（〈小詩〉❻）

這樣的詩，現在看來也不很特別，比較值得一提的俳句式的小詩，只在20年代初期較爲流行，此後就不那麼常見的了，所以很有引用的必要，由於篇幅短小，不妨多看一兩例：

七葉樹呵，

你穿了紅的衣裳嫁與誰呢？

　　　　　——（潘漠華〈小詩〉❼）

今天悲哀的美味

比起江南香蕉來還要濃厚。

　　　　　——〔徐玉諾（徐言信，1893-1958）〈小詩〉❽〕

三、流行的期間和原因

　　這樣的作品，相信大部分的中國人都認爲不是詩，因爲中國的民歌以及文人所作的詩，鮮有像俳句那樣的形式——全首詩只有一句。日本人常常稱中國是「鄰近而遙遠的國家」，意思是說：地理環境很接近，但文化卻完全兩樣，這句話是很對的，中國人

一般不但不了解日本文化，而且還因第二次世界大戰所造成的隔膜，對日本文化抱有極端的誤解。不過，在清末民初（民國於1912年成立），中國曾派遣過相當多的學生留學日本。實藤惠秀（SANETO Keishū, 1896–1985）《中國人留學日本史》(1960)❾是研究這方面的名著，如果參考這本書，就可以知道留日學生回國後，在新文化運動作出了許多貢獻。留日學生對日本文化的介紹和移植，如春柳社(1906–15)對日本新劇的模仿就是一個著名的例子❿。對日本俳句的移植，也可視為留日學生對日本文化傳播的貢獻之一，不過，留日學生不一定都喜歡日本文化，對俳句不遺餘力地斥責的文學家，卻是對日本認識極深的創造社作家。

1. 流行的期間

　　據朱自清在《新文學大系·詩集》的〈導言〉所說，是因為周作人在1921年翻譯了日本的短歌和俳句，引起廣泛的注意，很多人就模仿這些譯作，用白話文寫新詩。朱氏又認為到宗白華《流雲小詩》(1923)問世之後，小詩就漸漸沒那麼流行，連帶新詩的創作也受到影響，「跟著也中衰」了⓫。由此看來，小詩在新文學運動的黎明時期，對新詩創作起了啟蒙的作用。

2. 流行的原因

　　至於小詩的流行原因，有3種因素：(1)是周作人於日本詩歌的介紹；(2)是泰戈爾詩歌的流行；(3)是胡適的提倡。

　　(一)周作人於日本詩歌的譯介

　　周作人在1921年3月因病進山本醫院治療，自6月至9月，轉移至西山碧雲寺靜養，其間翻譯了不少日本詩，同年8月以〈雜譯詩三十首〉為題，發表於《新青年》9卷4號(8.1)，後來收入《陀螺》(1935)。這些詩的作者包括：石川啄木(ISHIGAWA Takuboku, 1886–1912, 5首)、與謝野晶子(YOSANO Aikiko,

1878-1942, 1首）、千家元磨(SENKE Motomaro, 1888-1948, 6首）、
武者小路實篤(MUSHANOKOJI Saneatsu, 1885-1976, 1首）、橫
井國三郎(YOKOI Kunisaburo, 1首）、野口米次郎(NOGUCHI
Yonejiro, 1875-1947, 1首）、岡田哲藏(OKADA Tetsezō, 1869-
1945, 1首）、堀口大學(HORIGUCHI Daigaku, 1892-1981, 3首）、
北原白秋（KITAHARA Hakushū, 1885-1942, 2首）、木下杢太郎
(KINOSHITA Mokutarō, 1885-1945, 4首）、由生春月(IKUTA
Shungetsu, 1892-1930, 2首）、奧榮一(OKU Eichi, 1891-1969)、
西村陽吉(MISHIMURA Yokichi, 1892-1959, 1首）**⑫**；這些詩人
之中，橫井和岡田似不很重要，《日本近代文學大事典》(1977)
⑬和《日本現代詩辭典》(1986)**⑭**，都沒有他們的條目，據知橫
井是武者小路的「新村運動」（1918開始）的中堅。眾所周知，
新村運動對中國影響極大，在中國推介最力的就是周作人**⑮**。這
些詩大部分都不只4行，朱自清說所謂翻譯，其實差不多是創作，
在我看來，經翻譯後仍保持詩的韻味的實在很少，北原白秋的1
首算是例外：

> 望火臺下割著野草，
> 胸中正是撞著火鐘一般。
> 反正不能如願了，我原是鄉下的女兒，
> 不如放了火罷，順著這風勢。
> ──（〈望火臺〉**⑯**）

不過大部分都好像湖畔詩社的作品，不那麼有詩的味道，也許還
是因為翻譯的問題，現引奧榮一的一首以為說明：

鴿子喫過小豆都飛去了，

警察把乞丐都趕散了。

乞丐想變成鴿子罷！

警察也想變成鴿子罷！

——（〈鴿子〉❶❼）

1922年2月，周作人在文學研究會(1921.1-1936)的刊物《詩》發表了他翻譯的日本民謠40首（〈日本俗歌四十首〉），其中很多都是情歌，就譯文來看，藝術價值較〈雜譯詩三十首〉為高，以下兩首，胡適曾抄在他的日記裏❶❽，並表示十分欣賞：

教他看了中意，這是過去的心願了，如今的苦心是，怎樣不被他拋棄了。（第18首）

在戀愛裏焦灼著叫著的蟬，還不如不叫的螢火，將身子都焦灼了。（第24首）

遠遠的田裏的歌聲，（仔細）聽時，原來是以前的妻的聲音。（第36首）

——（《詩》卷期❶❾）

「能在寥寥兩三句話裏，包括一個人生的悲喜劇」，這是周作人對日本民歌的評價❷⓿，以上3首，大抵也可以體會此中真意。中國初期寫作新詩的藍本，就是這些作品。

　(二)泰戈爾詩的影響

　　梁實秋在〈現代中國文學之浪漫的趨勢〉(1926.2)認為小詩的流行，除俳句之外，還有泰戈爾的詩❷❶。1936年朱自清為《中國新文學大系‧詩集》寫導言之時，又認為冰心(謝婉瑩，1900-　)

的《春水》(1923.5)和《繁星》(1923.1)的出現，標誌著小詩的
哲理詩的登場。如朱自清所說，兩種小詩都在東方文學得到靈感，
冰心是最好的例子，她的作品是深受泰戈爾影響的，朱自清又說
冰心另一方面是受了當時以詩說理的風氣的影響❷。泰戈爾詩的
流行，有其時代背景，因為他的神秘主義的風格，迎合了當時反
自然主義以至反現實主義的潮流。日式以現世精神為基礎的小詩
雖然是中國小詩的正統，可惜成就不大，反而泰戈爾式的小詩因
冰心的仿作而流傳較廣。

(三)胡適的提倡

　　胡適（胡洪騂，1891-1962)對小詩的喜愛，也促進了小詩的
流行。胡適是文學革命的領袖，有關他提倡白話文的貢獻，已有
定論，另一方面，他又是一位早期白話詩的作者，1920年3月出
版的《嘗試集》是中國現代文學的第1本新詩集，開創了時代的
先河。小詩運動因為得到胡適的支持，所以更為流行。首先，他
曾給《蕙的風》寫序，給予鼓勵。《蕙的風》(1922.11)是小詩
詩人汪靜之的作品集，汪靜之就是受周作人中譯俳句影響的早期
新詩作者❸，詳後所述。另一方面，胡適也寫作過日式小詩。
1922年4月10日，胡適在刊物上讀到了周作人所譯的〈日本俗歌
四十首〉之後，在日記中大為讚賞，說譯作甚可愛，「近來『小
詩』之體，確大有好處」，又以報上刊登得太濫而感到遺憾。胡
適的話，也可反映出在周作人譯日本俗歌之前，小詩已大為流行。
胡適又在日記筆錄了周作人的譯作，和自己所作的小詩，其中下
引的第1首，是把他6年前的所作「高楓葉細當花看」一句改寫成
的，跟著意猶未盡，寫作了下引的第2首：

　　開的花不多，

且把這一樹嫩黃的新葉，

當作花看吧。

——（第1首）

我們現在從生活裏，

得著相互的同情了，

也許人們不認得這就是愛哩。

——（第2首）❷❹

值得注意的是胡適有意識地把七絕的句子寫成日本俗歌體。胡明編注的《胡適詩存》(1989.4)❷❺是目前一個較齊全的集子，內收以小詩爲題的作品7首，最早的一首作於1911年1月留學美國之時，胡適是把4句和8句的五古、七古，和五七言絕律都當作小詩。這些小詩之中，前6首都是自日記或手稿輯錄，似是未及命題之作，不過胡適統稱小詩，最後的一首是有詩題的，寫於1959年6月，叫做〈小詩獻給天成先生〉，是一首四句的自由體白話打油詩❷❻。《嘗試集》內收以〈小詩〉❷❼爲題的一首，是五言四句的，《胡適詩存》收錄時用該詩刊於《每周評論》的題目——「愛情與痛苦」❷❽。

四、古希臘羅馬的小詩

周作人曾經留學日本，在立教大學唸書(1908-11)。據他的自傳說，那時日本的高等院校之中，只立教大學設有古希臘文的課，所以就進該校就讀。讀希臘文的目的，是希望有朝一日可以仿效林紓(1852-1924)，把《聖經》翻譯成古雅的文言文❷❾。周作人在〈論小詩〉一文介紹了古希臘羅馬、中國、日本和印度的小詩傳統，認爲日本和印度的小詩對中國新文學有過影響，但希

臘羅馬小詩卻不與焉。在介紹希臘小詩之時,他認為這類小詩有
3個特點:(1)大抵上是作為諷刺說理之用,故稱為「詩銘」;(2)
「詩銘」必須是一聯,過了3行,就是詠史詩;(3)「詩銘」多用
於彫塑。他翻譯了柏拉圖(Plato, 427-347 B.C.)的〈詠星〉為
例,說是小詩的模範:

你看著星麼,我的星?

我願為天空,得以無數的眼看你。❸

五、中國古代的詩歌
——兼論胡適的浪漫主義傾向

周作人和胡適都把中國古代的短詩稱作小詩。如前章所述,
胡適自己雖然也寫中國古體小詩,但在理論探索之時,卻似乎為
了謀求創新而對傳統作了否定。胡適在〈談新詩——八年來一件
大事〉❸提出:(1)打破傳統中國詩歌的格律(押韻、平仄、絕律
的格律、詞律、曲律);(2)擺脫傳統中國詩歌的音節(雙聲、疊
韻、押韻不拘平仄、用現代的韻);這兩者以及他在創作實踐中
過度重視的人道主義,都引來梁實秋和聞一多的批評。

1. 小詩與印象主義
——白璧德主義者梁實秋對小詩的批評

胡適和梁實秋、聞一多後來都屬於新月派,但胡適和梁、聞
的文學觀並不一致,特別是梁實秋在接受白璧德的教誨之後。以
梁實秋的看法,胡適的詩論完全是浪漫主義的。聞一多的詩論,
特別是不排斥中國傳統音節,和重視詩歌格律兩點,與回歸古典
主義後的梁實秋近似。

㈠白璧德的新人文主義

白璧德（Irving Babbitt, 1865-1933）的人文主義或稱新人文主義，對中國產生的影響其實也頗爲重要，台灣學者侯健(1926-90)曾經以此爲線索，在70-80年代作了許多介紹，至便參考。白璧德畢業於哈佛大學(1889)，曾留學法國，習梵文一年，1894年重返哈佛，聘爲法文系講師，其後擢爲副教授(1902)和教授(1912)。白璧德一生反對盧騷(Jean J. Rousseau, 1712-78)以及浪漫主義，對孔子(551-479 B.C.)道德哲學情有獨鍾，認爲可與亞里斯多德(Aristoteles, 384-322 B.C.)相提並論。白氏對人性的看法，雖不否定人性本善的說法，但由於主張類似儒家的克己復禮的理性修省，所以又近似於看重後天教育的荀子(?-約235 B.C.)；白氏學說，都使用文學思想爲例證，故稱文學的人文主義，以有別於宗教的人文主義❸❷。

㈡梁實秋的轉變
——從浪漫主義到新人文主義

梁實秋早期的文學觀與提倡浪漫主義的創造社相當接近，他在留學美國之前還特地到上海與郭沫若（郭開貞，1892-1978)和成仿吾（成灝，1897-1984)會面(1923.4)。創造社的機關刊物也刊登過梁實秋的文學評論。1923年8月，赴美留學，同行的有許地山(許贊堃，1893-1941)和冰心，如前所述，冰心就是一位以寫小詩成名的詩人。梁實秋在美國時，仍與創造社和文學研究會保持聯絡。1926年於科羅拉多畢業之後，隨進哈佛大學研究所，並選讀了白璧德的課，從此深受白氏的新人文主義影響，一改對浪漫主義的尊崇，轉而提倡新古典主義。1926年2月15日，梁實秋在《晨報副刊》發表了的〈現代中國文學之浪漫的趨勢〉一文，這是他思想轉變後的代表作。1927年春，與胡適、聞一多等在上

海籌辦新月書店,並任編輯,《浪漫的與古典的》(1927.6)和
《文學的紀律》(1928.3)是梁實秋在思想轉變後寫成的文集,兩
書先後都在新月書店出版。

　　㈢小詩與印象主義

　　梁實秋在〈現代中國文學之浪漫的趨勢〉是從否定浪漫主義
的角度,論證中國五四新文學的浪漫主義傾向,也就是他認爲的
不良傾向;這篇文章撥出頗長的篇幅,從文化思潮對小詩的哲學
基礎作了細緻的分析。西洋由古典主義到浪漫主義的轉變,我想
可以由一些已有定論的概念交代:古典主義是靜態的,在笛卡兒
(René Descartes, 1596-1650)哲學的影響下,17和18世紀的思
想家認爲大自然的紛繁現象,其實可以由幾項原理統一起來,其
後牛頓(Isaac Newton, 1642-1727)的萬有引力定律也發揮了類
似的影響,時人相信掌握了規律,就像掌握了宇宙運作的發條。
這種思想應用於文藝的結果,就是相信文藝也有一定的規律❸。
浪漫主義卻是動態的,柏格森(Henri Bergson, 1895-1941)認爲
自然與其說是空間的,毋寧說是時間的,以前的物理學的錯誤是
對一個靜止的現實進行研究;他受了進化論的影響,認爲自然是
持續不斷地流動變化著的。梁實秋認爲小詩的印象主義,就是這
種流動的哲學的產物,他曾親眼看見小詩作者手執紙筆,安坐風
景優美之處以恭候靈感的光臨,可謂極印象主義的能事。有關這
一點,很容易令人想起與他同船赴美的冰心。印象主義者受浪漫
主義回歸自然的影響,特別喜歡到鄉下去寫生,這種自然觀與俳
句的花鳥風月的描寫有近似的地方。所謂印象主義,梁實秋認爲
不過是浪漫主義的末流❸。

2. 胡適的浪漫主義傾向

　　梁實秋認爲小詩是浪漫主義的產物,當然也沒有好評;古典

主義重視格律，所以梁實秋對打破格律之議感到不能苟同；他又批評胡適對人力車夫的歌頌，是情感的氾濫，情詩的氾濫也是如此；此外，文中其他有關新文學運動的浪漫主義傾向的論點，對分析胡適的詩論也很有幫助。譬如追求外國的和現代的新異，也是浪漫主義的特徵，這令人想起胡適對中國古代詩歌的批評。

(一)關於打破格律的觀點
——胡適的文學進化論

　　胡適從進化論的觀點，認爲中國詩歌自古至今，經歷了4次大的轉變；繼《詩經》之後出現的騷賦，是第1次的解放；五、七言去掉騷賦的「兮」字，是第2次的解放；詞的出現，是第3次的解放；新文學運動以來的新詩，不但打破了五、七言的體裁，又推翻了詞調的束縛，不拘平仄，不拘格律，不拘長短，有什麼題目，就做什麼題目，詩應該怎樣做，就怎樣做，這是第4次解放❸❺。引進生物學的進化論以解釋文學藝術發展歷史，是十九世紀文藝論理的主要特徵之一，現在看來，這種方法學是不正確的，韋勒克(René Wellek, 1903-　　)〈文學史上進化的概念〉一文於此有詳細的論述❸❻，茲不贅。胡適此文，正如他作的提示，是頗以雨果（Victor Marie Hugo, 1802-85）爲《克倫威爾》(Cromwell)寫的序爲模仿對象，雨果此文，不單否定了古典戲劇的三一律，如韋勒克《近代文學批評史》(A History of Modern Criticism, 1750-1950)第2卷所說，而且用一種文學與社會的辯證關係講述詩歌的發展史❸❼，胡適也是如此。胡適十分欣賞周作人所譯的俳句，在打破格律的觀點上，兩人是一致的。在《嘗試集》再版自序(1920.8)，胡適一再強調自由體的優越性❸❽，聞一多忍不住馬上公開非議（見《「冬夜」評論》[1922.3]）❸❾。聞一多的詩論在現代中國文學史上是很有名的，他認爲藝術美比自

然美更合審美原則；1926年5月，他發表了〈詩的格律〉一文，提倡建設新詩的格律，文中說如果藝術是源於遊戲的話，就以下棋爲例，也需要有一定的規矩，所以詩歌的格律，不能視作枷鎖❹。梁實秋和聞一多都曾經引用王爾德(Oscar Wilde, 1856-1900)〈謊言的衰朽〉❹(1889)說明藝術美優於自然美❹，用以否定浪漫主義回歸自然的理論，根據審美的原理，王爾德是對的。新月派在聞一多的鼓吹下，後來對新詩的形式和格律作了很多嘗試。

(二)以模仿外國文學爲新穎

梁實秋又對「凡是模仿本國的古典的則爲模仿，爲陳腐；凡是模仿外國作品的，則是新穎，爲創造。❹」的概念，歸入他所排斥的浪漫主義範疇之內，矛頭不一定是指向胡適，但不無參考價值。在《嘗試集》再版自序，❹胡適是在力圖擺脫詞曲音節，聞一多對此也表示不能同意（《「冬夜」評論》），說《冬夜》的優點就是能熔鑄詞曲的音節，詞曲的音節雖因語法的改動而不一定適合於現代漢語，但不能全面屏棄不用，而應該擇其善者承繼之❹。

(三)人道主義與情感的氾濫
──對人力車夫歌頌所引起的問題

對新詩中的人道主義傾向，梁實秋也作了批評；他說古典主義的人性是理性，浪漫主義則輕理性而重情感，情感在量上不加節制，就必然在思想上產生人道主義色彩，又因爲「人是生而平等」的觀念，對娼妓以至無產階級都產生同情，再由同情而將他們理想化。新詩中的專爲人力車夫打不平的作品，就是這種現象之一。胡適的《嘗試集》的〈人力車夫〉(1918.1)❹實爲濫觴，不過這首詩比較長，不能算是小詩。五四時期有不少作品是寫人

力車夫的，例如魯迅(周豫才,1881-1936)的〈一件小事〉，老舍
（舒慶春，1899-1966)的《駱駝祥子》、郁達夫（郁文，1896-
1945)的〈薄奠〉等等，後來錢杏邨認爲無產階級文學可溯源這
種題材的作品❹。

3.中國傳統詩歌對小詩的影響

宗白華自述寫詩的經過時說，他之所以寫小詩，要因爲喜歡
唐人絕句的緣故，俳句與他毫不相干，泰戈爾的影響也不大。唐
人絕句之中，他特別喜歡王維(701-761)、孟浩然(689-740)、韋
應物(約737-791)、柳宗元(773-819)等的作家，這幾家都以描寫
山水田園見稱❹。俳句本以寫花鳥風月爲正宗，泰戈爾有著泛神
傾向詩歌，與唐詩的自然觀接近，所以描寫自然風景，似乎是中
國、日本和泰戈爾小詩共通的特點之一。

六、日本的短歌和俳句

依照朱自清的看法，小詩的主要的影響來自俳句與和歌。一
首和歌與一首俳句的基本上的分別是前者是31音，後者是17音。
俳句的17音又分爲3節，第1節5個音，稱爲上五；第2節7個音，
稱爲中七；第3節5個音，稱爲下五。每首俳句都要有與四季相關
的季題，例如元旦是正月，早春是二月等等。俳句對押韻不甚講
究，可以完全不押韻。俳句中譯有種形式：㈠譯成兩句五言或七
言，意猶未盡，則延展至4句；㈡譯成白話詩體，周作人的翻譯
即用此體；㈢按俳句格式譯成十七字，或依五，七言的格式，或
者不依❹。當時的新詩運動，正要打破規限，周作人的譯法，未
嘗不可以說是合乎時代的要求。

1.周作人對湖畔詩社的影響及其支持

周作人所掀起的小詩運動，對湖畔詩社影響最大，據文革後

整理出來的資料，得到充份的證明；1922年7月應修人曾經寫給
周作人，內容不但讚美那些中譯的俳句、和歌，還認爲當時寫小
詩的人，大抵是模仿周作人的譯作❺⓿，這封新發現的信，可爲朱
自清序言(《中國新文學大系‧詩集》)的旁證。湖畔詩社是新文
學運動初期的小型文學社團，1922年3月在浙江杭州成立，主要
的成員有馮雪峰(馮福春，1903-76)、應修人(應麟德，1900-35)、
潘漠華（潘愷堯，1902-34）和汪靜之4人，他們曾出版《湖畔》
(內收馮、應、潘、汪人的詩人，1922)和《春的歌集》(內收馮、
應、潘的詩作，1923)，此外，汪靜之詩集《蕙的風》(1922)，
也曾該社的代表作。湖畔詩社的作者由於得到周作人、胡適和朱
自清等著名作家學者的品評和勉勵，頗引起當時詩壇的注意，湖
畔詩人歌頌愛情，引來衛道之士的攻擊，不想卻得到魯迅等撰文
爲之辯護，對該社來說，也是一件提升知名度的大事，這些資料，
文革後都收入《湖畔詩社評論資料選》(1986.12)❺❶，而且該社
的主要作品，都先後重印，對研究極有幫助，在文革前，這些
20年代初期的文獻大部分都封藏於內地的圖書館，研究者都只知
其名字而已。湖畔詩人無疑是最早嚮應小詩運動而又受文壇密切
注意的社團。周作人認爲汪靜之的〈小詩㈠〉頗有短歌的味道：

> 你應該覺得罷……
> 僅僅是我自由的夢魂兒，
> 夜夜縈繞著你麼？
> ——《湖畔》❺❷

周作人認爲這一派詩的特點是句子要有「彈力」，日語在這方面
比較容易表現出來，但是漢語欠缺這種特性，所以這一派詩歌很

難做得好。應修人又認當時的小詩多不耐讀,原因是忽略了周作人在譯作中所要努力保存的音節美❸。

2.北京和上海文學研究會作家對湖畔詩社的批評
──神秘主義與現世精神的衝突

1919年,比利時象徵主義作家梅特林克(Maurice Maeterlinck, 1862-1949)獲得了諾貝爾文學獎,使新浪漫主義成爲當時最爲前衛的文藝思潮❺。俳句的精神是著重現世的,與儒家思想接近;可是,當時流行的新浪漫主義,卻是以神秘主義爲主導思想的,印度泰戈爾的詩歌風格與此接近;20年代初期的小詩,基本上可以用這兩種思想表現劃分爲兩大類。這種矛盾對對小詩運動而言,是一個致命傷。

㈠從以文學改良社會的角度的批評

周作人雖然是文學研究會的中堅,可是,湖畔詩社的作品卻似乎並不曾得到新文學作者的一致好評,特別是沒有得到其他的文學研究會主要評論家的支特。文學研究會是在北京成立的,因此總部設在北京,但是在上海的分會成員卻十分活躍,兼且與創造社展開長期論爭,成爲眾所觸目的焦點;北京的總會,事實上沒有上海分會的重要。1922年5月11日,上海的文學研究會機關刊物〈文學旬刊〉(《時事新報》的副刊)發表了署名C.P.的〈雜譚.1.對於新詩的諍言〉一文,指責流行於文壇的新詩「大部分都是流連風景,無病呻吟之作」,讀之「索然無味」❺。汪靜之直覺此文是從提倡「血和淚的文學」的角度批評他們的❺。1921年6月,鄭振鐸提出了這個口號(《時事新報‧文學旬刊》),要點是反對鴛鴦蝴蝶式的吟風弄月的作品❺。

㈡從神秘主義的角度的批評

北京文學研究會的機關刊物〈文學旬刊〉(《晨報》,王統

照主編）也發表了蹇先艾(1906-94)〈春雨之夜〉一文， 點名批評汪靜之的《蕙的風》，認為內容「煩膩瑣碎，淺薄無聊」❸。

3.創造社浪漫主義者對俳句式小詩的批評

　　最不遺餘力地抨擊俳句式小詩的，是創造社的主將成仿吾。成仿吾是留日學生，在日本由中學一直唸到大學，他和別的創造社第1期的作家一樣，因為受歧視而形成強烈的反日情緒。成仿吾對俳句式小詩的否定，總括而言，可歸納為3點：(1)是從民族主義出發，認為和歌和俳句，是兩件「臭皮賽」，和日本人一樣「淺薄無聊」，周作人所拾得的只是「殘骸」；(2)俳句的思想是隱逸，然而中國新文學是需要有眞摯的感情，不能學俳諧那種遊戲的態度；(3)俳句的篇幅太短，不便抒情，易流於輕浮，況且中國新文學應有自己創造的形式，不應一味傚效❸。

4.創造社福本主義者對小詩的否定

　　第3期創造社(1927-31)是以福本主義為基礎展開的，福本主義的特點，是強調辯證唯物主義於革命運動的指導作用；「否定的否定」規律是辯證唯物主義的基本原則，「表明事物自身發展的整個過程是由肯定、否定和否定之否定諸節構成的。其中否定是過程的核心，是事物自身矛盾運動的結果，矛盾的解決形式。❻」從思辯走向實踐，就必然否定文化遺產，一如文革(1966-76)的現象。李初梨(1900-94)的〈怎樣地建設革命文學〉(1928.2)，就特別把小詩列為幾個要否定的特徵之一❻。首先，五四文學否定了如鴛鴦蝴蝶派等文言文學，這是第1階段的否定，到無產階級文學興起，對五四的小資產階級白話文學又再作另一次的否定。

5.白璧德主義者對刹那主義的否定

　　如前所述，白璧德的學生梁實秋從否定浪漫主義的立場，判定小詩是的「刹那主義」，是浪漫主義末流的印象主義，這種印

象主義,是建築於柏格森的流動哲學,印象主義者就在一縱即逝的影子生活,隨個人的性情心境改換他對自然人生的態度。這種人性,欠缺古典主義者對文藝的嚴肅態度。

6.聞一多的批評
——對《蕙的風》的否定

在文革後發表了不少聞一多信札,其中也有提及湖畔詩社的。他認為《湖畔》之中,應、馮、潘都有佳作,四人之中(1922.9.29的信)⑫,唯汪靜之沒有好評,說汪本不配作詩(1923.3.25的信)⑬,而《蕙的風》最宜挂在廁所方便有需要的人仕云云(1922.11.26的信)⑭。

七、印度的小詩
——聞一多對泰戈爾的批評

泰戈爾(Rabîndranāth Tagore, 1861-1941)的詩歌對中國影響之大,似乎是在俳句之上。泰戈爾在1913年獲得諾貝爾文學獎,並曾於1924年4月訪問中國;由文學研究會上海分會成員負責編輯的《小說月報》曾先後出過《泰戈爾號》(14卷9、10號)和臨時增刊《歡迎泰戈爾先生》(15卷4號)。泰戈爾來華前,他的詩集如《園丁集》、《飛鳥集》和《新月集》,都有了中譯,文學研究會的鄭振鐸(1898-1958)、王統照、徐志摩和冰心,創造社的郭沫若等新文學運動初期的主要詩人,無不深受其影響。不過,聞一多獨排眾議,對泰戈爾的批評最為激烈。聞一多在1923年12月發表了〈泰果爾批評〉一文,內容大抵上可歸納為3點:
(1)哲理不宜入詩;如果認為文學應用形象思維,或如意象主義所主張的那樣,用準確的意象代替抽象抒情的話,詩歌是不宜用來寫哲理的;聞一多是著重意象經營的,他在〈「冬夜」的評論〉

一文，正是從這個角度贊揚郭沫若的詩作，郭沫若這時的詩作，就是後來結集成書的《女神》(1921.8)，所以，聞一多認爲泰戈爾的作品在藝術上「平庸得很」；(2)當時正努力建設新詩格律的聞一多，又批評泰戈爾的作品「不但沒有形式」，「而且沒有廓線」，因此十分「單調」，「不成形體」；又說當時的新詩「已夠空虛，夠纖弱，夠偏重理智，夠缺乏形式的了」，再加上泰戈爾的影響，就會「變本加厲，將來定有不可救藥的一天」；(3)留學期間的聞一多如創造社員的一樣，增添了強烈的民族主義感情，所以又由初期的非功利審美觀，轉而對社會人生關心起來，一如文學研究會所主張的爲人生而文學那樣，聞一多這時認爲「文學底宮殿必須建在現實的人生底基石上」，從這一角度，聞一多批評了泰戈爾的泛神論哲學思想❻。

八、結　論
——小詩可悲的命運

五四初期的詩人，其實不過想利用小詩表現自己的思想；不過這種體裁不知怎的卻引起各門各派的正人君子過敏的反應，紛紛搬出堂堂正正的大道理，給她羅織各種各樣的罪名，什麼淺薄無聊、民族大義、沒有肩負改良人生的責任、沒有格律等等，這些罪名，都不是體裁只有幾行的小詩所能承擔的，生不逢辰的小詩於是不幾年就結束了絢爛的歷史，此後雖有繼續寫作這種體裁的作者，但始終不爲重視。

【注釋】

❶本文是根據我的講義（在香港大學講授的現代文學課，1984-1985年度）整理而成的，當時曾派發講稿，寫講稿時還未見到專門研究小詩的論文，不久之後，就看到以下幾種，都是與拙稿差不多同一時期執筆的：㈠黃渭揚：

〈小詩派初探〉,《現代文學論文集》(《中山大學報「哲學社會科學」論叢》7號,1984年11月),頁97-104;㈡駱寒超:〈論中國現代抒情小詩——「中國現代詩歌綜合論」之五〉,《浙江學刊》年期,1985年11月,頁52-59;㈢王文生主編:《中國現代文學理論批評史》(貴陽:貴州人民出版社,1986),頁165-177;㈣張勁:〈初探二十年代的「小詩運動」〉,《中國現代、當代文學研究》1986年第12期,頁213-220,(原刊《今日文壇》1986年3期);㈤蔡榮甜(1956-):《北京文學研究會及其〈文學旬刊〉》,(碩士論文,香港大學,1985),這篇論文是我指導的,部分觀點是我提供給作者的。本文定稿之時,曾參考以上各篇專論,得到不少的教益,謹希望在此致以萬分的謝意。拙稿擬以文藝思潮的角度,對小詩的盛衰作一分析。小詩的外來影響主要有二,一是著重現世的俳句,一是與神秘主義和象徵主義關係密切的泰戈爾詩歌;拙稿正是就這兩種思潮與當時政治思想,以及不同的文學主張所產生的矛盾,找出小詩衰亡的原因。

❷㈠《王統照文集》(濟南:山東人民出版社,1982),卷4,頁55-80;㈡馮光廉、劉增人:〈王統照著譯系年〉,《王統照研究資料》(馮光廉、劉增人編,銀川:寧夏人民出版社,1983),頁191-194。

❸《中國新文學大系·詩集》(上海:良友圖書公司,1935年初版;1981年上海、上海文藝出版社重印),頁148,149,156,183,186,268。

❹《徐志摩詩全篇》(杭州:浙江文藝出版社,1987),頁43。

❺㈠〈論小詩〉原是周氏在燕京大學文學會所作演講的演講稿(1922.6.29),其後發表在《民國日報》的〈覺悟〉副刊(同月29日);參張菊香、張鐵榮編〈周作人著譯系年〉(見二張所編 《周作人研究資料》,天津:天津人民出版社,1986),頁636;㈡〈論小詩〉一文,參《中國現代文論選》(王永生主編,貴陽:貴州人民出版社,1982),冊1,頁54-56。

❻~❽《中國新文學大系·詩集》,頁268,149,186。

❾ 譚汝謙、林啓彥譯,香港:香港中文大學出版社,1982。

❿關於春柳社資料,可參㈠濱一衛(HAMA Kazue, 1909-84):〈春柳社の「黑奴籲天錄」について〉(〈關於春柳社的「黑奴籲天錄」〉),《日本中國學會報》第5號,1953年3月,頁109-126;㈡中村忠行(NAKAMURA Tadayuki, 1915-1993):〈「春柳社」逸史稿(1)──歐陽予倩先生に捧ぐ──〉(〈「春柳社」逸史稿〉──獻給歐陽予倩先生)(1)、(2),《天理大學學報》第22、23輯,1956年12月,1957年3月,頁17-34、23-46;㈢歐陽予倩(1880-1962):《自我演戲以來(1907-1928)》(北京:中國戲劇出版社,1959)。

⓫《中國新文學大系・詩集》,頁4。

⓬《新青年》9卷4號,頁29-40。

⓭小田切進(ODAGRI Susumu, 1916-92)編:東京:講談社,1979,3版。

⓮分銅惇(FUNDŌ Jūnsaku, 1924-)等,東京:櫻楓社,1986。

⓯參中山義弘(NAKAYAMA Yoshihiro, 1935-):《近代中國における女姓解放の思想と行動》(《近代中國的女姓解放的思想和行動》,北九州:北九州中國書店,1983),頁281-318。

⓰《新青年》9卷4號,頁36-37。

⓱《新青年》9卷4號,頁39。

⓲《胡適日記》(中國社會科學院近代史研究所中華民國史研究室,香港:中華書局,1985),頁310-311。

⓳《詩》(1922.2-1933.5),文學研究會的刊物,以前是沒法看到的,不過近年(1987)有上海書店的重印本;參卷號,頁11-12。

⓴頁7。

㉑梁實秋《浪漫的與古典的・文學的紀律》(北京:人民文學出版社,1988),頁19。

㉒《中國新文學大系・詩集》,頁4。

㉓《蕙的風》原上海、亞東圖書館於1922年出版,現有1984年上海、上海書店重印本。

❷❹《胡適日記》，頁310-311。

❷❺胡明編注：《胡適詩存》（北京：人民文學出版社，1989）。

❷❻胡明，頁377。

❷❼《嘗試集》（上海：上海書店，1984，據年月版本重印），頁61-62。

❷❽胡明，頁202。

❷❾《知堂回想錄》（香港：三育圖書文具公司，1974），頁67。

❸⓿(一)〈希臘的小詩〉，《周作人選集》（徐沉泗、葉忘憂編，上海：萬象書店，1940），頁50-51；有關古希臘羅馬詩歌可參考：(二)吉爾伯特‧默雷（Gilbert Murray）：《古希臘羅馬文學史》（ Literature of Ancient Greece，孫席珍〔1906-84〕等譯，上海：上海譯文出版社，1988）；(三)水建馥譯：《古希臘抒情詩選》（北京：人民文學出版社，1988）；(四)羅念生(羅懋德，1904-90)：《古希臘羅馬文學作品選》(北京：北京出版社，1988）。

❸❶《中國新文學大系‧建設理論集》（上海：良友圖書公司，1935年初版；1981年上海：上海文藝出版社重印），頁295。

❸❷(一)侯健《從文學革命到革命文學》（台灣：中外文學月刊社，1974）；(二)〈梁實秋先生的人文思想來源——白璧德的生平與志業〉，《秋之頌》〔余光中，(1928-　)編，台灣：九歌出版社，1988，3版〕，頁69-85；(三)〈梁實秋與新月及其思想與主張〉，《秋之頌》，頁86-151；(四)還有的就是侯健的博士論文Irving Babbitt in China(《白璧德在中國》，Diss., New York, 1980)，侯健：〈白璧德與其新人文主義〉，《從文學革命到革命文學》，頁252-254。

❸❸卡西亞(Ernst Cassirer, 1874-1945)：《啓蒙時代的哲學》(The Philosophy of the Enlightenment，李日章譯，台北：聯經事業出版公司，1984），頁274-275。

❸❹鮑默（Franklin L. Baumer, 1913-　）：《西方近代思想史》（ Modern

European Thought: Continuity and Change in Ideas, 1600-1950,李日章譯,台北:聯經出版事業公司,1988),頁447-448。

㉟《中國新文學大系・建設理論集》,頁295。

㊱《批評的諸種概念》(Concepts of Criticism,丁泓、余徵譯,成都:四川人民出版社,1988),頁53。

㊲《近代文學批評史》(楊自伍譯,上海:上海譯文出版社,1988),頁305-306。

㊳〈嘗試集再版自序〉,《中國新文學大系・建設理論集》,頁319。

㊴《聞一多論新詩》(武漢大學聞一多研究室編,武漢:武漢大學出版社,1985),頁25-26。

㊵《聞一多論新詩》,頁81-87。

㊶《唯美主義》(趙澧、徐克安主編,北京:中國人民大學出版社,1988),頁143。

㊷(一)梁實秋:〈「與自然同化」〉,《浪漫的與古典的・文學的紀律》,頁52;(二)聞一多:〈詩的格律〉,《聞一多論新詩》,頁82。

㊸《浪漫的與古典的・文學的紀律》,頁10。

㊹〈嘗試集再版自序〉,《中國新文學大系・建設理論集》,頁319。

㊺《聞一多論新詩》,頁25-26。

㊻胡明,頁176。

㊼錢杏邨(1900-77):〈中國新興文學論〉,《文學講座》(上海:神州國光社,1930),頁153。

㊽鄒士方:《宗白華評傳》(香港:香港新聞出版社,1989),頁67。有關宗白華小詩與唐詩的關係,承王聿均教授賜告,實在十分感謝!

㊾參:(一)彭恩華:《日本俳句史》(上海:學林出版社,1983),頁2-3;(二)松浦友久(MATSUURA Tomohisa, 1935-):〈詩型としての俳句〉(〈俳句的詩型〉),《中國詩文論叢》7集,1988年6月,頁158-182。

❺⓪應修人：《修人集》〔樓適夷(1905-　)、趙興茂編，杭州：浙江人民出版社，1982〕，頁261。

❺①㈠《湖畔詩社評論資料選》（王訓昭編，上海：華東師範大學出版社，1986），頁304-305；㈡《愛的歌聲——湖畔詩社作品選》（上海：華東師範大學出版社，1986）。

❺②〈論小詩〉，《中國現代文論選》，頁56。

❺③應修人：《修人集》，頁261-262。

❺④廚川白村(KURIYAGAWA Hakuson, 1880-1923)《西洋近代文藝思潮》（原名《近代文學十講》，陳曉南譯，台灣：志文出版社，1975)，頁279-323，330-334。

❺⑤《文學旬刊》初名《文學周報》，有年上海、上海書店重印本。

❺⑥應修人，頁250。

❺⑦鄭振鐸：《鄭振鐸文集》(北京：人民文學出版社，1985），頁391-392。

❺⑧《晨報副刊》有1981年北京、人民出版社重印本。

❺⑨成仿吾：〈詩之防禦戰〉，《成仿吾文集》（《成仿吾文集》編輯委員會編，濟南：山東大學出版社，1985），頁81-85。

❻⓪《中國大百科全書·哲學》（胡繩等編，北京：中國大百科全書出版社，1987），頁226。

❻①《「革命文學」論爭資料選編》（中國社會科學院文學研究所現代文學研究室編，北京：人民文學出版社，1981），頁160。

❻②〈致梁實秋、吳景超〉，《聞一多書信選集》（北京：人民文學出版社，1986），頁65。

❻③〈致聞家駟〉，《聞一多書信選集》，頁145。

❻④〈致梁實秋〉，《聞一多書信選集》，頁102。

❻⑤《聞一多論新詩》，頁74。

小說〈祝福〉與魯迅的地獄思想
——與太宰治「被尊敬的意志」的比較研究

一、引　言

　　文革(1966-1976)結束之後，政治學和哲學有了很大的變化，魯迅（周豫才， 1881-1936)研究也深受影響。眾所周知，托爾斯泰(Alekesĭ Nikolaevich Tolstoĭ, 1883-1945)的人道主義、叔本華(Arthur Schopenhauer, 1788-1860)和尼采(Friedrich W. Nietzsche, 1844-1900)的哲學對魯迅有過一定的影響，到20年代，馬克思主義流行，馬克思主義流派諸如托洛斯基主義、波格丹諾夫(A. A. Bagdanoov, 1873-1928)的無產階級文化、福本主義❶等等都引起魯迅的關注。這些思想其中不乏矛盾之處，並且引伸出「如果魯迅還活著就會怎樣怎樣」的命題，有些人認為一定會支持中國大陸現政權（中共的出版物一直持這種觀點），也有些人認為魯迅如果仍在生，則一定反共云云（這種觀點在港台、美國華裔學者之間相當普遍）。如果以道德勇氣作為主線，把魯迅的思想重新整合，把上述各種外來影響以至親共、反共的可能性也都掛在這一主線上邊，並為它們重新勾勒有機的關係，我想也是一個有意義的工程。梅原猛(UMEHARA Takeshi, 1925-)的《地獄的思想》❷有關太宰治(DAZAI Osamu, 1909-48)地獄思想分析，頗有助於魯迅思想體系或心路歷程的了解，可以作一比較研究。

二、永遠回歸的時間
——〈祝福〉的奇特時間觀

　　首先，我希望從魯迅《吶喊》的〈祝福〉開始討論。〈祝福〉的時間敘事結構是非常奇特的，祥林嫂出現之時，魯鎮都是在過新年，小說中有這樣的一句話：「魯鎮永遠是新年」❸。〈祝福〉是由幾個於新年前後發生的故事組成的，而且這些故事都是與祥林嫂不幸身世有關。〈祝福〉的梗概可以點列如下：(1)故事發端是在新年前夕，作者見到失魂落魄的祥林嫂，祥林嫂詢問作者是否真有地獄這回事，作者支吾以對，一天之後，祥林嫂就自殺了；(2)故事於是以倒敘的方式介紹祥林嫂的一生，新寡的祥林嫂是在年近歲晚時到魯鎮來當長工的，新年剛過之後就被婆婆捉回去；(3)又是新年的時候，介紹祥林嫂來工作的衛老婆子來拜年，報導主人公的消息，原來祥林嫂被捉回去，就被賣給山裏一個的人，生了孩子；(4)小說記敘大概「又過了兩個新年」❹之後，在接近新年的秋天，祥林嫂又再出現，原來她的丈夫不幸染上傷寒去世，孩子又給狼吃掉五臟，無所依靠，所以又再度回來，小說寫四嬸以祥林嫂雖然可憐，但「傷風敗俗」，其他事情可以讓她幫忙，唯獨祭祀之時候，不可讓她沾手，否則祖宗不高興云云；小說還寫到祥林嫂不知四嬸訂下的這些禁忌，在祭祀時趕快去擺放酒杯和筷子，令四嬸大為緊張，叫她馬上放下；(5)如是又過了一年，又是歲暮的時候，信佛的柳媽勸祥林嫂到土地廟捐門檻，不然的話死後到地獄，如果兩個男人都來爭奪，則閻王會把她鋸開兩邊，捐門檻則可以贖罪云云，祥林嫂照辦，之後容光煥發，以為已禳除不祥，到冬至祭祖之時，照舊幫忙擺放酒杯和筷子，四嬸慌忙叫她不要動手。經此一役，祥林嫂開始神經失常，最後失去工作。

似乎到了下一個新年，也就是小說開端所提到的新年，祥林嫂就自行了斷。這篇小說的其中一個特點是冬天以外的季節完全隱沒。

1.中國的冬至和新年

我在〈野草的精神分析〉一文曾經以時間意識討論過魯迅的作品，也特別提到魯迅很喜歡冬天，這種時間意識跟以往中國文學中常見的傷春悲秋很不一樣❺。其實魯迅這種「樂冬」——歡樂的冬天的時間意識，是另有深層心理的意義，這種深層心理可以用永遠回歸的時間意識去解釋。冬至和新年在中國是有特殊意義的，據中村喬(NAKAMURA Takashi, 1936-　)《中國的節令》一書所總結：很多民族以冬至為太陽復活的日子，不過中國文獻上差不多沒有類似的記載，中國似乎是易之以陰陽對轉的思想。後漢的《獨斷》認為冬至是陽氣復活的開始。究竟在冬至祭天還是在正月才祭天，在古代，特別是魏晉南北朝時代一直有爭議。冬至被視為亞歲，有類似正月元日的風俗習慣❻。

2.寺院、空間、時間
——埃利亞代《聖與俗》的經典理論

埃利亞代(Mircea Eliade, 1907-1986)對新年作了宗教學上的解釋：對於有宗教信仰的人來說，空間(space)不是等質的，有些地方，宗教上叫做聖山或者是聖地，這就是意味著有些地方不是所謂神聖的空間。聖山和聖地，可視為「世界的創造」的一種方式。有宗教信仰的人常常希望定居於聖地，聖地於是成為眾所渴望歸往的中心，聖地周圍形成一種向心的力量，這個中心是人為地創造的宇宙，在鄉村和都市，這些聖地或中心是寺院，寺院是聖靈降臨的地方，或是人類靈魂升天的通路，寺院頂端的窗，成為天人交接的要衝。寺院（templum）、時間（tempus）和空間的語源關係是非常密切的。在北美印地安人的方言之中，世界

（comos, world）和一歲（year）的語義是相同的 ， 約庫特人
（Yokuts，印第安人）說「一個世界過去了」，意思是說「一年
已經過去了」。這種密切的關係 ， 仔細分析的話 ， 就等於說宇
宙的生成與發展 ， 是與一年相終始 。 到了新年，宇宙於是再生
（rebirth），時間也隨著新年從新開始。北美阿爾貢金人(Al-
gonquin，印第安人）和蘇福爾斯人(Sioux，印第安人）寺院的
四個窗，是宇宙與時間的象徵，寺院的四個窗代表四個方位，達
科他人（Dakota，印第安人）說：「一歲是一個圓環環繞著的一
個世界(world)」。換言之，寺院就是一個世界的模型。宇宙的
創造，於是年年出現，也就是意味著人類在新年的時候，重回太
初的時間，所以人類在新年舉行盛大的祭典，以迎接新的世界的
來臨；以上可參埃利亞代《聖與俗》(The Sacred and the
Profane)一書❼。

3.新年與祭祀

　　據埃利亞代《永遠回歸的神話》一書歸納，新年的祭祀主要
的目的是祓除不祥，惡魔、疾病和各種罪的驅逐；在儀禮方面包
括：(1)齋戒；(2)清除污垢、沐浴；(3)把火熄滅，然後再燃點；(4)
以噪音、叫聲、鞭打的動作（在室內）驅逐惡魔，或者令村中騷
動，然後實行祓除惡魔的大行動；這種被常需要一種替罪羔羊的
動物，而且常常需要兩隊以上的演出者作戰鬥，令祭祀大起騷動，
也有帶著祖先和諸神面具的行列，當行列走近死者的家門時，生
者會把死者的靈魂迎回家數天 ， 然後又以行列把他們送走 ， 宣
佈成人的儀式也在這個期間舉行❽。這種驅鬼儀式類似中國的儺
（迎神賽會），(參胡萬川《鍾馗神話與小說之研究》一書❾)。
似乎在新年過後，塵世又好像〈祝福〉所描寫的那樣回到地獄。

三、魯迅的地獄觀

　　魯迅曾經說過：年少時能夠公然「在大眾面前，冠冕堂皇看」的書，就是《文昌帝君陰騭文圖說》和《玉歷鈔傳》一類地獄勸善書（《朝花夕拾‧二十四孝圖》，1926.5❿）。查《魯迅全集》的索引，可見數度引用《玉歷鈔傳》，顯示出他對這本書的內容相當感興趣，還曾經把各種版本都蒐集來研究（《朝花夕拾‧後記》）⓫。

1. 中國地獄故事的三大系統

　　據澤田瑞穗(SAWADA Mizuho, 1912-　　)的綜合，中國的地獄思想，有三個系統：(1)是泰山系統；(2)是道教於六朝時代開始形成的酆都地獄系統；(3)是佛教傳入之後的印度地獄觀念。中國人在漢以前就相信死後靈魂會到泰山去；到了六朝，道教另創羅酆山或酆都說，名之為酆都地獄，主宰是酆都大帝云云。佛教的地獄教材，最早有漢安康巨（生卒年不詳）譯的《問地獄事經》，以及後漢安世高（安清，生卒不詳，148–170間於洛陽從事佛經翻譯）譯《十八泥犁經》。南朝梁代僧寶唱（生卒年不詳，天監4年〔505〕入京）編纂《經律異相》（卷49、50兩卷）是有關當時佛教地獄傳說資料的集大成，這部經典是據《問地獄事經》、《淨土三昧經》、《長阿含經》、《眾生三世治惡經》、《樓炭經》、《觀佛三昧海經》、《大智度論》等等輯成的。

2. 關於《玉歷鈔傳》

　　唐以前介紹地獄的主要經典是漢譯佛典，唐五代則以目蓮救母變文為代表，至於元至明清，則以《香山寶卷》最為知名，至清代與寶卷並行的勸善書，則有《玉歷鈔傳》。此書卷首標題是「玉帝慈恩纂載通行世間男婦改悔前非准贖罪玉歷」，有時也以

《玉曆鈔傳警世》、《玉曆至寶鈔》、《玉曆寶鈔》、《慈恩玉曆》等各種名稱行世。所謂玉曆是善惡紀錄簿之意。《玉曆傳鈔》一種勸善書，通常是各地的善信印刷，以非牟利的形式流佈，原則上是免費的。這本書的體例是以冥府十王爲順序，附以圖畫，逐一列出地獄的刑罰或報應❶。據《朝花夕拾》後記，南北可能有十至二十種版本左右，繁簡不一。夏濟安(1916-65)曾經指出：魯迅這種對鬼魂的喜愛，是很不尋常的，例如目蓮戲中的無常和女吊就是，極少作家願意以這麼大的熱情，去討論這些令人毛骨聳然的東西〔《黑暗的閘門》(The Gate of Darkness)，林毓生(1934-)的《中國意識的危機》❸〕曾引用過夏氏的觀點加以發揮，但其他魯迅研究家則較少留意。

四、太宰治的「受尊敬的意志」
——由地獄思想至接受福本主義

　　日本著名思想家和人類學家梅原猛《地獄的思想》一書，對太宰治的心路歷程有很好的分析，如果拿來作一比較研究的話，可見這兩位現代小說家對地獄的想象有極其相類的地方。太宰治(DAZAI Osamu, 1909-48)曾經以魯迅題材寫過小說《惜別》，他本是東京大學學生，未畢業就退學，曾參加過左翼運動。1935年以小說〈逆行〉獲芥川獎，1938年至日本戰敗投降期間，太宰寫了很多小說，1948年自殺。太宰很多小說都是以地獄爲題材的，例如《回憶》、《父》、《斜陽》、《人間失格》等。

1.太宰治童年與地獄勸善書

　　這種地獄思想之所以形成，是因爲太宰年幼時在女傭的影響下，看了許多關於地獄的圖書，女傭告訴他做壞事就會打入地獄，這是女傭的教育意志，這一教育意志後來產生反效果，地獄畫圖

在他的腦海裏留下極其深刻的印象，以及深刻的暗示，地獄不再是負面的因素，反而成爲太宰所刻意追尋的目標。

2. 太宰治的「受尊敬的意志」

梅原猛是以叔本華意志哲學作分析的。梅原認爲太宰的問題，是因爲他有著一種理想，叫做「受尊敬的意志」，這種「受尊敬的意志」與他出身於地主家庭有關。梅原猛對太宰思想歷程有如下的綜合：太宰治的父親是一個地主，他排行第六，在重視嫡長子的家庭，他當然不受重視。地主與日本天王一樣，受庶民的尊敬，但地主階級本身的利己主義(egoism)則是一種劣行。太宰一生差不多沒有寫到食慾和性慾，以《人間失格》（長編小說，1948）這本自傳小說看來，他差不多沒有的意志，他有的是「受尊敬的意志」──一種把自己生存願望託附給別人的意志。因爲沒有維持自己生存願望的意志，可以說意志的主體性盡失，這是把意志狹隘化的結果。小說中的主人公大庭葉藏曾因父親詢問他需要什麼而煩惱，他感到什麼都不需要。梅原猛認爲太宰治保有他人所沒有的道德，他爲人非常正直，這一方面在小說也有所反映；前面說過太宰只有「受尊敬的意志」，太宰曾經很羨慕他的哥哥，在地主家庭之中，他的哥哥當然又不如他的父親那樣受尊敬，可是在〈葉〉那篇小說裏面，太宰寫到婚宴場面，小說中那位父親在典禮進行時離開座位，到走廊與藝妓鬼混，至於在高中時代寫的自傳體小說〈無間奈落〉和〈地主一代〉中的父親也有類似的描寫，小說中的父親不但納妾和調戲女傭，還染上梅毒。太宰從父親認識到地主階層的虛偽，結果參加了日本的馬克思主義革命運動。

3. 福本主義帶來的雙重失望

太宰治參加日本左翼運動時，福本主義正在流行，因此也接

受了福本主義。福本主義是以盧卡契(György Lukács, 1885-1971)的物化論爲基礎的一種馬克思主義思潮,福本主義給太宰治帶來雙重的否定:首先是作爲馬克思主義者,太宰先否定自己的地主階級;再者,是盧卡契的物化論作用,盧卡契是要求獲取「無產階級意識」,無產階級意識在實踐時往往比附作工人意識或農民意識,知識分子爲了獲取這種意識,因而作了自我否定。在馬克思主義而言,地主階級是罪人,太宰治在戰後脫離馬克思主義運動,在馬克馬主義而言,太宰自覺有罪,他就在雙重失望下自殺❶。

五、魯迅與太宰治的比較研究
——由地獄思想至於接受福本主義

　　魯迅與太宰治對地獄的憧憬,都是在童年時就形成,兩者心路歷程相當類似,令人感到驚訝。餘下要討論的,是「受尊敬的意志」與福本主義的影響兩點。

1.魯迅的「受尊敬的意志」

　　關於「受尊敬的意志」的表現,在魯迅的思想中也極其明顯,譬如〈祝福〉之中的「我」,是一個有良心的地主階級知識分子,在〈故鄉〉之中表現尤其明顯:魯迅在二十年後回鄉,希望與兒時一同遊戲的閏土重逢,以敘別情,不想閏土卻在見面時恭敬地叫他做「老爺」。魯迅晚年曾經這樣說:

> 我們從古以來,就有埋頭苦幹的人,有拼命硬幹的人,有爲
> 民請命的人,有捨身求法的人,……,雖是等於帝王將相作
> 家譜的所謂正史,也往往掩不住他們的光輝,這就是中國
> 的脊樑。(《且介亭雜文·中國人失掉自信力了嗎》,1934.10❶)

　　魯迅一般被尊為青年導師、思想界領袖，他自己也歌頌「為民請命」的精神，這無疑是「受尊敬的意志」的表現。

2. 魯迅與福本主義

　　魯迅是跟第三期創造社(1928-1930)的作家展開論戰之際，接觸到福本主義的。中國的革命文學發展到福本主義時期，就把馬克思主義文學＝(等同)無產階級文學＝大眾文學。在〈阿Q正傳〉時期的魯迅，是既否定地主階級，也否定尼采所謂的庸眾，認為大眾是愚蠢的，對革命是會造成妨礙的。福本主義是以知識分子為革命的主體的，受到福本主義洗禮的魯迅一方面擔心會文藝大眾化之後就會媚俗(《集外集拾遺·文藝大眾化》，1930.3❶)，一方面又會覺得文藝工作者還是要注意及於大眾（《且介亭雜文·論「舊形式的采用」》，1934.5❶）。

3. 魯迅對地獄的追尋

──〈失掉了的好地獄〉的另一解釋

　　早在散文詩《野草》，魯迅就曾經說過：「有我所不樂意的在天堂裏，我不願去，有我所不樂意的在地獄裏，我不願去」（〈影的告別〉❶），這句話的特點是：天堂與地獄，在魯迅而言是沒有分別的，天堂與地獄，如果沒有所謂「不樂意的」東西的話，都可以成為追尋的目的。對於疾惡如讎的魯迅，地獄似乎優點較多，以魯迅的語言出之，就是「『公理』作宰，請酒下跪，全都無功」（《朝花夕拾·二十四孝圖》，1926.5❶），似乎只有地獄才可以把魯迅的敵人繩之於法，在〈失掉了的好地獄〉，魯迅忽發奇想，描述人類居然戰勝了曾經打敗天神、正在主宰天國、人間、和地獄的魔鬼，人類終於攻佔了地獄。這種表現與太宰治把想象力與地獄思想加以整合極其類似。

六、結　論

　　眾所周知，加入左聯後的魯迅還繼續發揮他的道德力量，對左翼內部作了嚴厲的批評，這一歷史事實，說明魯迅的「受尊敬的意志」（或名爲「爲民請命」也可）並沒有迴避馬克思主義，他還是本著地獄所特有的善惡觀，作爲他的安身立命的基礎。

【注釋】

❶〈福本主義對魯迅的影響〉，《魯迅月刊》1990年7期，1990年7月，頁12-21。

❷梅原猛：《地獄の思想》（東京：中央公論社，38版，1982）。

❸❹《魯迅全集》（北京：人民文學出版社，1981），卷1，頁18，15。

❺〈野草的精神分析——兼談魯迅的象徵技巧〉，《野草》47期，1991年2月，頁187-200。

❻《中國の年中行事》（東京：平凡社，1988），頁222-242。

❼The Sacred and the Profane: The Nature of Religion（《聖與俗》，trans. Willard R. Trask, New York:　Harcourt Brace & World, Inc. 1959），頁73-74。

❽《永遠回歸的神話》(The Myth of the Eternal Return, trans. Willard R. Trask, Princeton, New Jersey: Princeton UP, 1971)，頁51-54。

❾《鍾馗神話與小說之研究》(胡萬川，台北：文史哲出版社，1980)，頁87-88。

❿《魯迅全集》，卷2，頁252。

⓫《魯迅全集》，㈠《熱風·三十三》，卷1，頁303；㈡《朝花夕拾·二十四孝圖》，卷2，頁258；㈢《朝花夕拾·無常》，卷2，再266；㈣《朝花夕拾·後記》，卷2，頁329-335；㈤《二心集·再來一條「順」的翻譯》，

卷4，頁351；㈥〈致章廷謙〉信，卷11，頁511。

❿㈠〈地獄故事〉（〈地獄めぐり譚〉，《敦煌の文學文獻》〔金岡照光
（KANOOKA Shōkō, 1930- ）主編，《講座敦煌學》第9冊，東京：大東出
版社，1990〕，頁459-481；有關中國文學中的地獄故事研究論著，尚可
參：㈡道端良秀（MICHIHATA Yoshihide, 1903- ）：〈敦煌文獻に見える
死後の世界〉（〈敦煌文獻所見有關死後世界的描寫〉），《敦煌の中國
佛教》〔《敦煌的中國佛教》，《講座敦煌學》第5冊，牧田諦亮（MAKITA
Tairyō, 1912- ）、福井文雅（FUKUI Fumimasa, 1934- ）主編，東京：
大東出版社，1981〕，頁501-536；㈢岩本裕（IWAMOTO Yutaka, 1910- ）：
《地獄めぐりの文學》（《文學作品中的地獄故事》，東京：開明書院，
1979）；㈣澤田穗瑞：《地獄變——中國の冥界說》（《地獄變——中國
的冥界說》，京都：法藏館，1968）；㈤蕭登福（1950- ）：《漢魏六朝佛
道兩教之天堂地獄觀》（台北：學生書店，1989）。

⓭《中國意識的危機——「五四」時期激烈的反傳統主義》（穆善培譯，貴
陽：貴州人民出版社，頁216-217。

⓮梅原猛，頁221-238。

⓯《魯迅全集》，卷6，頁118。

⓰《魯迅全集》，卷7，頁349。

⓱《魯迅全集》，卷6，頁22-24。

⓲⓳《魯迅全集》，卷2，頁165，252。

人名事項索引

白璧德主義 103-105,116;《浪漫的與古典的‧文學的紀律》117

LIE

列列維奇(L.G. Lelevich,1901-45) 52

列寧(1870-1924) 1,4,6,28,30,78;布爾什維克黨 26;布爾什維克主義 29;〈黨的組織和黨的出版物〉53;「到人眾去」的否定 26;反映論 5,17;建黨思想 5,26,27,31,59;《進一步,退兩步》26;論「無產階級文化」51;孟什維克主義 29;思維與存在同一 5,37;《唯物主義和經驗批判主義》5;《怎麼辦》3,5,21,26,32,39,41,61,70;

LIN

林房雄(1903-75) 28,29
林默涵(1913-) 13,63,64
林啓彥(1947-) 114
林毓生(1934-) 124
林煥平(1911-) 22

LING

鈴木聰 94
鈴木正夫(1939-) 76

LIU

劉伯承(1892-1986) 49
劉大杰(1904-77) 10
《劉大杰古典文學論文選集》10,22
劉平 20,40
劉少奇(1898-1968) 55
劉文飛 42
《流雲小詩》95,98
劉增人(1942-) 114
柳宗元(773-819) 108

LOU

樓適夷(1905-) 118
《樓炭經》125

LU

盧卡契(1885-1971) 1-24,27;《歷史和階級意識》2-8,21,23,36,43,46,67;否定現代主義 8;反映論 17-18;《關於社會存在的本體論》12;《美學》12;裴多芬俱樂部 12;實踐觀點 5;《審美特性》12;〈敘述與描寫〉60-62;斯大林主義批判 12;物化論/異化論 1,15,16,28,125-126;偉大現實主義 1,6,8,16,18;違反論(世界觀與創作方法) 13,64;《現代戲劇發展史》2;匈牙利事件 12;無產階級意識 6,7,31;無產階級文化 6;《盧卡契文學論文集》23,70

盧騷(J.J. Rousseau,1712-78) 80,84,88,104

蘆田肇(1942-) 35

魯迅(1881-1936) 4,30;《壁下譯叢》33;辯證唯物主義 36;波格丹諾夫的影響 36,119,127;第三種人的論戰 47;《二心集》41,〈再來一條「順」的翻譯〉128;福本主義 25-44,121,129;革命文學 33;《集外集拾遺》127;《集外集拾遺補編》42;《魯迅日記》43;兩個口號論爭 54-55;民眾觀 33,42;《吶喊》120;〈阿Q正傳〉127;〈祝福〉120-121;尼采 119;《且介亭雜文》127,126;《且介亭雜文末編》68;《熱風》128;人道主義 34,49,129;《三閒集》34,42;太宰治 119-129;托爾斯泰 119;托洛斯基的影響 32-35,36,42;〈宣言一篇〉32-33,41;《野草》127;《玉歷傳鈔》123;《朝花夕拾》123,127,129

《魯迅論外國文學》36

Goethe, J.W. von 歌德
Hampson, N 漢普生
Hansen, F.R. 漢普施
Harkness, M. 哈克奈斯
Hazard, P. 哈澤德
Hegel, F. 黑格爾
Hoffman, J. 霍夫曼
Horkheimer, M. 霍克海默
Hugo, V. 雨果
Jameson, F. 傑姆遜
Jump, J.D. 占普
Kalinin, Y.A. 加里寧
Kafka, F. 卡夫卡
Kautsky, K. 考茨基
Korsch, K. 柯爾思
Khrushchev, N.S. 赫魯曉夫
Lawrence, D. H.
Lelevich, L.G. 列列維奇
Lenin, V.I. 列寧
Lifshits, M.A. 李夫希茨
Lukács, G. 盧卡契
Maeterlinck, M. 梅特林克
Malenkov, G.M. 馬林可夫
Marcuse, H. 馬爾庫茲
Marx, K. 馬克思
Mashenski, S. 馬申斯基
Meisner, M.J. 邁斯納
Murray, G. 默雷
Nagy, I. 納吉
Nedoshivin, G.A. 涅陀希文
Newton, I. 牛頓
Nietzsche, F.W. 尼采
Nusinov, I. 努西諾夫
Plato 柏拉圖
Plekhanov, G.V. 普列漢諾夫
Pospelev, G.N. 波斯彼洛夫
Rakosi, M. 拉科西
Rousseau, J.J. 盧騷
Rozental', M.M. 羅森塔爾
Schopenhauer, A. 叔本華
Simonov, K.M. 西蒙諾夫

Stalin, I.F. 斯大林
Tagore, R. 泰戈爾
Tolstoi, L.N. 托爾斯泰
Trotskii, L.D. 托洛斯基
Voltaire 伏爾泰
Welleck, R. 韋勒克
Wilde, O. 王爾德
Wordsworth, W. 華滋華斯
Yakovlev, I.Y. 雅科夫列夫
Zola, E. 左拉
··········

論文初刊一覽

1. 〈盧卡契對中國文學思想的影響〉，《文學與美學》（淡江大學中國文學研究所編，台北：文史哲出版社，1992年12月），第3集，45-72。〔曾於淡江大學中文系主辦「文學與美學」(1991.4.27-28)研討會宣讀。〕

2. 〈福本主義對魯迅的影響〉，《近百年中日關係論文集》（蔣永敬等編，台北：中華民國史料研究中心，1992年6月），521-534；〈魯迅月刊〉1990年7期，1990年7月，12-21。〔曾於香港中文大學主辦「近百年中日關係國際學術研討會」(1990.8)宣讀。〕

3. 〈胡風的「主觀戰鬥精神」〉，《戰爭與中國社會之變動》，（淡江大學中文系主編，台北：學生書店，1991年11月），193-221。〔曾於淡江大學中文系主辦「戰爭與社會變遷」(1991.6.22-23)研討會宣讀。〕

4. 〈郁達夫與私小說〉，《中國現代文學研究叢刊》總44期，1990年8月，200-221。〔曾於淡江大學中文系、海風出版社合辦「三十年代文學研討會」(1989.4.23)宣讀。〕

5. 〈小詩運動(1921-1923)〉，《五四文學與文化變遷學術研討會論文集》（中國古典研究會主編，台北：學生書店，1990年4月），305-332。〔曾於台北、中國古典文學研究會主辦「『五四文學與文化變遷』」(1989.4.29-30)研討會宣讀。〕

6. 〈魯迅的地獄思想——與太宰治「被尊敬的意志」的比較研

究〉，《安身立命與東西文化》（霍韜晦主編，香港：佛教法
住學會，1992年8月），586-596。〔曾於香港「佛教法住學會」
主辦的「安身立命研討會」(1991.12.24-27)宣讀。〕